本书是专门为中小企业量身打造的连锁企业
锁经营、股权落地2个系统而展开。通过"底层逻
地方法详述"的清晰图解，通俗而详细、专业而全面地教你如何玩转连锁
股权设计。

《连锁企业股权设计》一本书把握股权脉络，正确分配股权，有效股权
激励，掌握连锁企业股权设计核心法则。

——《连锁企业股权设计》内容价值

"商业重塑·资本"课程全国巡讲

服务30万+的中小微企业

本书提供：

一套连锁经营系统，一套股权落地系统
52张导图，52种思维，52个操作步骤。

五大学习收获：

1. 玩转连锁股权设计，绑定核心人才；
2. 把握股权的"合分进退"，确保你的绝对控制权；
3. 合理正确分配股权，让员工像老板一样操心；
4. 掌握经营的核心法则，快速裂变扩张门店；
5. 标准化管理，建立强大的连锁总部。

——《连锁企业股权设计》语录

第118届江苏"商业重塑·资本"课程培训现场

第122届上海"商业重塑·资本"课程培训现场

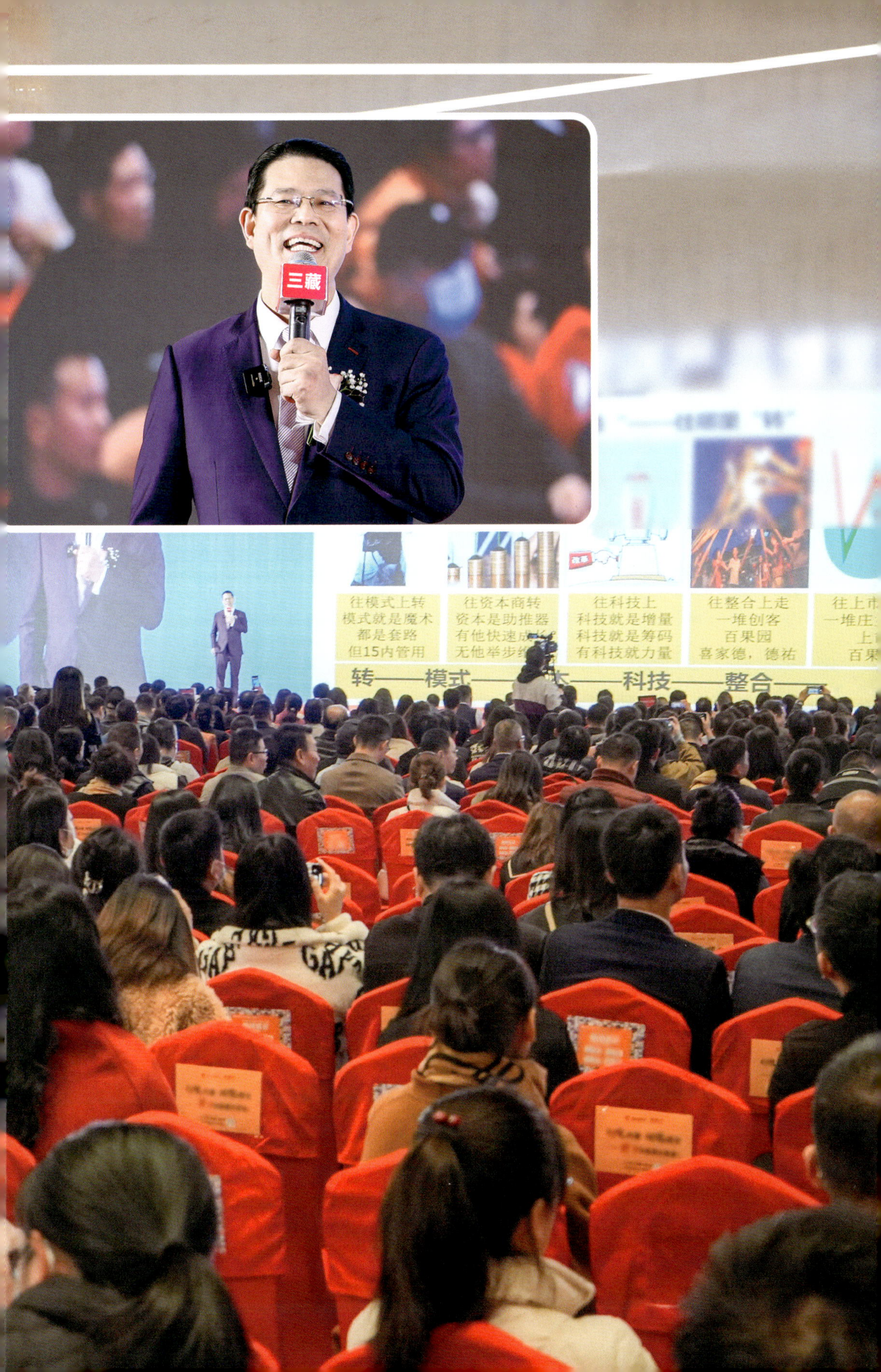
三藏
往模式上转
模式就是魔术
都是套路
但15内管用
往资本商转
资本是助推器
往科技上
科技就是增量
科技就是筹码
有科技就力量
往整合上走
一堆创客
百果园
喜家德，德祐
科技——整合

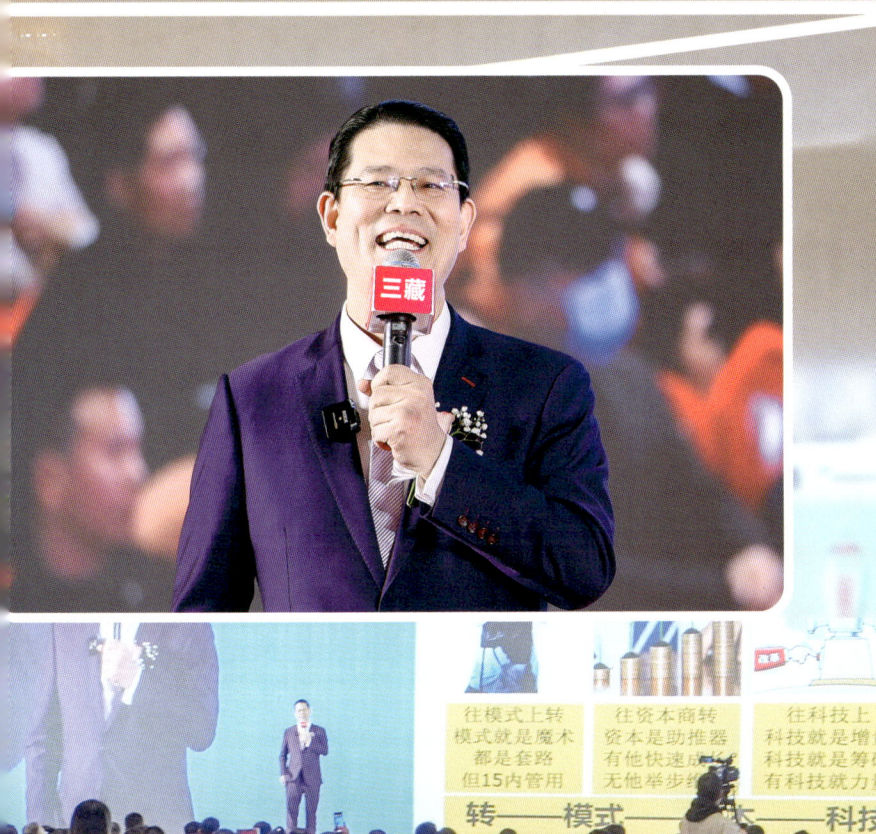

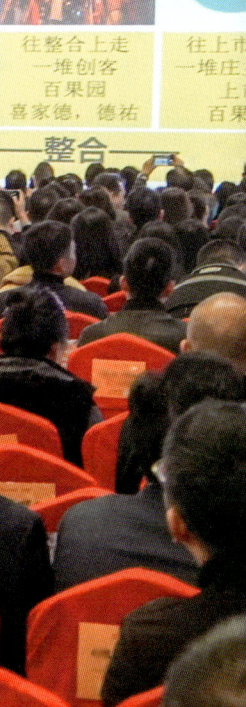

"商业重塑·资本"往届课程合影

"商业重塑·资本"课程现场辅导

服务国内外30万+中小微企业

餐饮行业

地产行业

电气行业

电子科技

环保行业

建筑行业

生产制造

海外项目

连锁企业股权设计

臧其超 著

广东旅游出版社
中国·广州

图书在版编目（CIP）数据

连锁企业股权设计 / 臧其超著. -- 广州 ：广东旅游出版社，2024.9. -- ISBN 978-7-5570-3368-2

Ⅰ．F717.6-49

中国国家版本馆CIP数据核字第2024D5B709号

出 版 人：刘志松
特约策划：三藏文化
项目执行：徐泽雄
责任编辑：陈晓芬
封面设计：刘红刚
内文设计：友间文化
责任校对：李瑞苑
责任技编：冼志良

连锁企业股权设计
LIANSUO QIYE GUQUAN SHEJI

广东旅游出版社出版发行

（广州市荔湾区沙面北街71号首、二层）

邮 编：510130
电 话：020-87347732（总编室）　020-87348887（销售热线）
印 刷：深圳市鑫之源印刷有限公司
　　　　（深圳市龙岗区平湖街道辅城坳社区工业区A48栋A栋101）
开 本：787 mm×1092 mm　16开
字 数：180千字
印 张：14　插页：4
版 次：2024年9月第1版
印 次：2024年9月第1次印刷
定 价：78.00元

【版权所有　侵权必究】

本书如有错页倒装等质量问题，请直接与印刷厂联系换书。

序　言
Preface

连锁行业的挑战与机遇

大连锁始于小门店，大集团源于小档口。

连锁店都是从一家门店开始，但是门店的发展，未必会是连锁。全世界的门店，有三种发展路径。第一种是转型，不再做门店了；第二种是开好一家，再开一家，不知不觉就做成了连锁；第三种是守好一家店，一店传三代，店在人不在。

日本人善于守店，一家小小门店就能经营百年。他们有守的品质和品德，坚决不开分店。这种模式也很受欢迎，业界也有许多著作在写这类门店的经营，也有许多报道在写这类门店的故事，这是一条向下扎根的路径。

本书探讨的是第二种路径，是横向延伸的路径。单个门店做成多店，多店成立总店，总店成立集团，集团引入资本，然后开始多种模式开店。

大道至简，万事万物皆如此。沙漠中一棵小草，播撒种子，长出第二棵。然后第三棵，越长越多，最后连成一片，变成一片绿洲。其中的奥秘是什么？不是种子繁衍，不是数量增长，而是向下扎根，存储水分。有了水分，可以存活更多的小草。

同样，街头一家门店经营得当，在另一条街再开一家。然后开第三家，越开越多，开出一家旗舰店。这家店规模较大，有独立办公室，用来管理这些门店。发展再进一步，成立连锁管理集团，集团必须和门店分开，在位置上分开，注册分开，人员职能也要分开。有了集团，可以招商引资，多元化发展，多渠道运营。有了集团，才可以跨省经营，跨国经营。

所以，一家连锁店的实力，不是看单独一家门店，也不是看门店的数量，而是看集团的实力。2000年，连锁比的是门店数量。2010年，连锁比的是"海陆空"的经营，就是线下与线上的经营。2020年，连锁比的是文化与资本。只要文化不强、资本不足，不管有多少家门店，都会像蒲公英一样，说散就散。

连锁行业经营三要素——文化、资本、服务，连锁行业管理三要素——股权、管控、人才，连锁行业模式三类型——直营店、加盟店、品牌授权店，这些内容将贯穿全书。

连锁行业要想发展壮大，文化资本少不了。连锁行业要想做得好，股权人才离不了。连锁行业要想赚钱多，直营加盟不能少。同时，连锁行业要考虑生存和挑战，机遇和对策。

一、连锁行业的挑战

1. 市场竞争加剧

随着市场经济的不断发展，连锁行业的竞争也日益激烈。一方面，国内外品牌纷纷涌入市场，加剧了行业竞争；另一方面，互联网和电子商务的兴起，使得传统连锁行业面临线上线下双重竞争压力。

2. 成本压力上升

连锁企业在扩张过程中，需要不断投入资金用于门店建设、人员培训、市场营销等方面，导致成本压力不断上升。此外，原材料、租金等成本的上涨也进一步加剧了企业的经营压力。

3. 消费者需求多样化

随着消费者需求日益多样化，连锁企业需要不断调整产品和服务策略以满足市场需求。然而，这种快速变化的市场需求给企业带来了巨大的挑战，要求企业具备更强的市场敏感度和创新能力。

挑战与机遇并存，如下图所示。

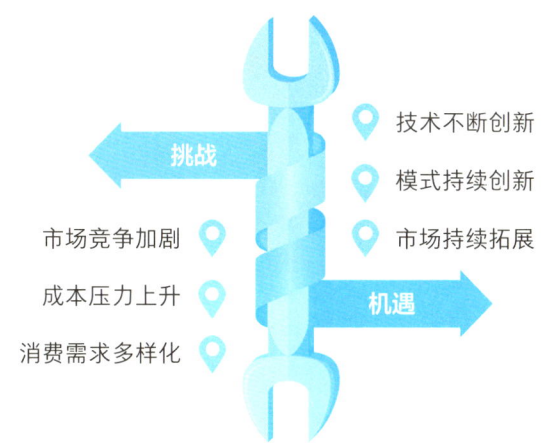

二、连锁行业的机遇

1. 技术创新

随着互联网、大数据、人工智能等技术的不断发展，连锁企业可以利用这些先进技术提高经营管理效率、优化消费者体验、拓展市场份额等。例如，通过大数据分析消费者行为，企业可以更精准地进行市场定位和产品研发；通过人工智能技术改善客户服务，企业可以提升品牌形象和客户满意度。

2. 模式创新

面对市场竞争和消费者需求的变化，连锁企业需要积极探索新的商业模式以适应市场发展。例如，通过线上线下融合、共享经济、社交电商等新型商业模式，企业可以打破传统边界，拓展业务领域，提升市场竞争力。

3. 市场拓展

随着全球化的不断深入和国内市场的不断扩大，连锁企业可以积极拓展国内外市场，寻求更广阔的发展空间。通过跨国经营、区域扩张等方式，企业可以提升品牌知名度和增加市场份额，实现规模化经营和效益最大化。

三、连锁行业的建议

1. 加强品牌建设

品牌是连锁企业的核心竞争力之一。面对市场竞争的挑战，连锁企业应注重品牌建设，提升品牌形象和知名度。通过加大品牌推广力度、提升产品质量和服务水平等方式，企业可以赢得消费者信任和忠诚度，从而在市场竞争中占据有利地位。

2. 优化供应链管理

供应链管理是连锁企业降低成本、提高效率的重要手段。企业应通过优化采购、库存、物流等环节，实现供应链的高效运作和成本控制。同时，加强与供应商的合作与沟通，建立长期稳定的战略合作关系，有助于企业降低采购成本和风险。

3. 提升创新能力

创新是连锁企业应对市场变化和消费者需求的关键。企业应注重技术研发和模式创新，不断推出新产品、新服务和新模式以满足市场需求。同时，建立鼓励创新的机制和文化氛围，激发员工的创新意识和创造力，有助于企业保持持续竞争优势。

4. 拓展多元化渠道

面对消费者需求的多样化和市场竞争的加剧，连锁企业应积极拓展多元化渠道以适应市场变化。通过线上线下融合、跨境电商、社交媒体等多元化渠道布局，企业可以覆盖更广泛的消费者群体并提升市场份额。同时，加强与各类渠道合作伙伴的合作与共赢关系的建立，有助于企业实现资源共享和优势互补。

本书适合谁来学习？

创业者：明白股权、现金流、融资的意义，让决策更加全面；

管理者：用股权激励总部和门店，让大家更有动力，更有干劲；

职场人：深入了解门店与连锁的股权结构，判断工作前景；

财务人：从容应对"四务关系"——财务、业务、法务、事务；

投资人：了解门店与连锁的股权分配情况，慧眼识别投资价值；

接班人：接手的不是店面和账本，而是一套思维体系。

目录 CONTENTS

第一章
连锁行业进阶认知 / 001

第1节　连锁经营的三种类型　/ 003
第2节　连锁增值引流的三个策略　/ 009
第3节　连锁品牌发扬光大的三个特质　/ 015
第4节　连锁总部对分店的四种管控　/ 021
第5节　连锁门店的四种形态　/ 029
第6节　连锁行业的五大加速赛道　/ 037

第二章
连锁总部顶层设计 / 045

第1节　连锁总部强大的七大特质　/ 047
第2节　连锁运营的七个统一模式　/ 056
第3节　连锁总部强大的八大支柱　/ 061

第4节　连锁门店选址的九大要点　/ 069
第5节　连锁持续发展的十大规划　/ 076
第6节　案例：餐饮连锁股权实操　/ 082

第三章
连锁行业股权认知　/ 089

第1节　一生受用的三种分配　/ 091
第2节　股权的五个核心概念　/ 096
第3节　股权之前的财务思维　/ 102
第4节　股权与期权的核心关系　/ 108
第5节　股权分配的六大好处　/ 113
第6节　股权分配的七个误区　/ 120
第7节　股权领域九条生命线　/ 126

第四章
股权操作的六字真言　/ 133

第1节　股权六字真言中"人"的运用　/ 135
第2节　股权六字真言中"合"的运用　/ 140
第3节　股权六字真言中"分"的运用　/ 145

第4节　股权六字真言中"进"的运用　/ 151

第5节　股权六字真言中"退"的运用　/ 158

第6节　股权六字真言中"约"的运用　/ 165

第五章
连锁行业股权实操　/ 173

第1节　初创期平分股权应对的策略　/ 175

第2节　发展期用股权吸引技术人才　/ 180

第3节　成熟期吸引优秀股东的策略　/ 186

第4节　衰退期如何用股权力挽狂澜　/ 192

第5节　解散或倒闭时如何清算股权　/ 198

第6节　只有活下来才是最好的战略　/ 203

第一章
CHAPTER

连锁行业进阶认知

第1节
连锁经营的三种类型

连锁经营是一种商业组织形式和经营制度，具有规模化、专业化、标准化和简单化等特点，可以提高企业的经营效率和服务质量，实现规模效益。

连锁经营是相对于单独经营模式而言的，因企业规模庞大，营业店铺多，服务面宽，因而所获取的是一种规模经济效益。连锁经营既分工又合作，既联合又竞争，形成一种强势的品牌效应。比如两家苹果手机连锁店，它们既可以合作，临时调货，也会暗自竞争，抢夺客源。

连锁经营模式具有货源有保证、降低成本、信息获取迅速和准确、品牌效应强大以及经营管理轻松等优点。然而，也存在一些缺点，如自由度较低、需要支付加盟费用以及可能存在文化差异和管理冲突等。企业在选择连锁经营模式时，需要充分考虑自身的条件和需求，进行权衡和取舍。

一、连锁行业的类型

连锁行业的类型主要包括直营连锁、自愿连锁和加盟连锁三种，如图1-1所示。

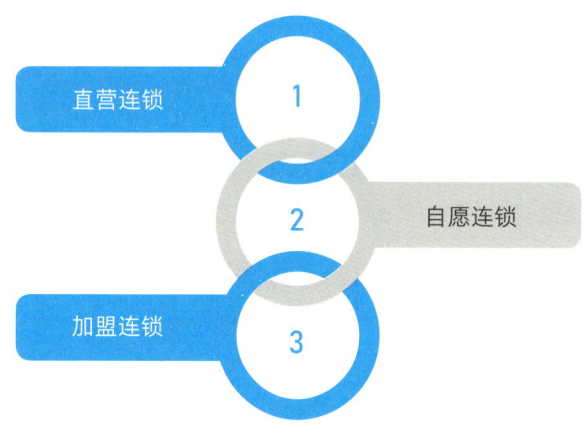

图1-1 连锁行业三种类型

1. 直营连锁

直营连锁是指连锁门店均由连锁总部全资或者控股开办,在总部的直接管理下统一经营。总部采取纵深式的管理方式,直接下令掌管所有的零售点,零售点也必须完全接受总部指挥。

所有权和经营权集中统一于总部。所有门店在总部的统一领导下经营,总部对各门店实施人、财、物及商流、物流、信息流等方面的统一管理。

直营连锁的主要任务在"渠道经营",可以通过经营渠道的拓展从消费者手中获取利润。因此直营连锁实际上是一种"集团产业",可以通过资本实行投资、融资、兼并、控股来发展。

2. 自愿连锁

自愿连锁也被称为自由连锁,是一种连锁经营形式,其中若干个店铺或企业自愿组合起来,共同进货、统一经销,同时保持各自的资产所有权关系不变,以同一个品牌形象面对消费者。这种连锁是企业之间为了共同利益而采取的合作关系,通过签订连锁经营合同来实现。在自愿连锁体系中，各门店可以自愿加入连锁体系，也可以自愿退出。

自愿加入连锁体系的门店，由连锁总公司辅导创立，商品所有权属于加盟主所有，而运作技术及商店品牌归总部持有。各加盟店在"命运共同体"认同下团结一致，共同开拓市场。

自愿连锁主要有以下两种类型。

（1）以批发企业为核心实现连锁：这种形式在欧美国家比较多见。

（2）以大型零售企业为核心组成连锁：这种形式在日本较为普遍。

3. 加盟连锁

又称特许经营，是总部将品牌、商标、商号、产品、专利和专有技术，还有经营模式、商业模式、产品模式授予合作伙伴，由合作伙伴来经营。总部和加盟店之间，是一对一的经营合同关系。加盟连锁在统一形式，统一形象，统一产品之下自主经营，并且要向品牌方支付相应的费用。支付的费用有所偏重，有的加盟商是前期免费或较少的费用，后期利润分成。有的加盟商是前期支付一笔费用，获得加盟权益，后期支付较少的费用。

这种方式适用范围较广，包括商业、零售业、服务业、餐饮业、制造业、高科技信息产业等领域。

以上三种连锁类型各有优劣，各有利弊。有相同点，也有不同点。有四个共同点，三个不同点。

二、共同点

连锁类型的四个共同点，如图1-2所示。

图1-2　连锁类型的四个共同点

1. 所有权和经营权分开

连锁店的所有权和经营权通常集中统一于总部,而单品牌店的所有权和经营权往往归单个店主所有。授权人只需以品牌、经营管理经验等投入,便可达到规模经营的目的,使品牌效应快速提升,市场规模快速壮大,利润快速回收。

2. 管理统一标准化

连锁店在总部的统一领导下经营,总部对各门店实施人、财、物及商流、物流、信息流等方面的统一管理。这意味着连锁店在店名、店貌、商品、服务等方面实现了标准化,并在商品购销、信息汇集、广告宣传、员工培训、管理规范等方面实现了统一化。相比之下,单品牌店的管理和运营方式通常依赖于店主个人的经验和技巧,缺乏这种统一性和标准化。

3. 规模降低成本

这是典型的经济效应,连锁规模越大,整体成本越低。因为连锁有多个门店,通过集中采购、集中储存、集中运输、可以节约成本。采购规模大，可以和厂家进行订制，还可以授权给厂家做品牌定制。

连锁店核心的命脉，就是低成本。只有降低成本，才有生存空间。只有降低成本，才能与电商抗衡。只要量大，厂家也就愿意做这事。许多大型超市，都有自主品牌的产品，比如水、米、油、面、蛋，你会发现这类产品会打着超市的品牌。超市如果要做这件事，就要拿到相关的资质。

4. 品牌影响力和市场竞争力

连锁店由于其统一的品牌形象，大规模的市场营销活动，还有自媒体的宣传力度，会快速提高品牌影响力，提高市场竞争力，提高口碑好感度。

三、不同点

不同点如图1-3所示。

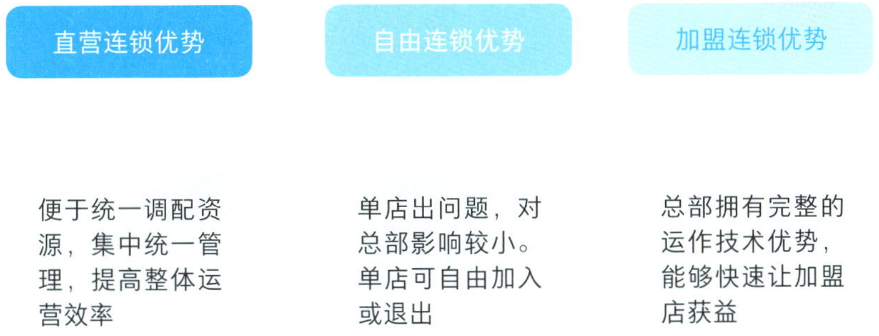

直营连锁优势	自由连锁优势	加盟连锁优势
便于统一调配资源，集中统一管理，提高整体运营效率	单店出问题，对总部影响较小。单店可自由加入或退出	总部拥有完整的运作技术优势，能够快速让加盟店获益

图1-3 连锁类型的三个不同点

1. 直营连锁优势

便于集中统一管理，统一调配资源，提高公司整体运营效率。

2. 自由连锁优势

商品的所有权归加盟店主所有，而运作技术及部分品牌则归总部持有。单店出现问题，对总部影响不大。单店可以自由加入或退出。

3. 加盟连锁优势

总部拥有完整的运作技术优势，能够快速让加盟店进入运作状态并从中获益。

加盟店的管理是"三三制"，三分之一采纳总部的指导，用总部的策略。

比如麦当劳，肯德基也有加盟店，完全看不出加盟的感觉，因为有约束和底线。三分之一是用总部的牌子，还会结合自己的推广策略。比如在街上可以看到茅台酒旗舰店、洋河旗舰店。它们用的是总部的牌子，有些活动和优惠是自主策划的。三分之一是独立自主的，用料、定价、服务都是自主的，这类加盟的服务有好有坏。

加盟连锁三三制，如图1-4所示。

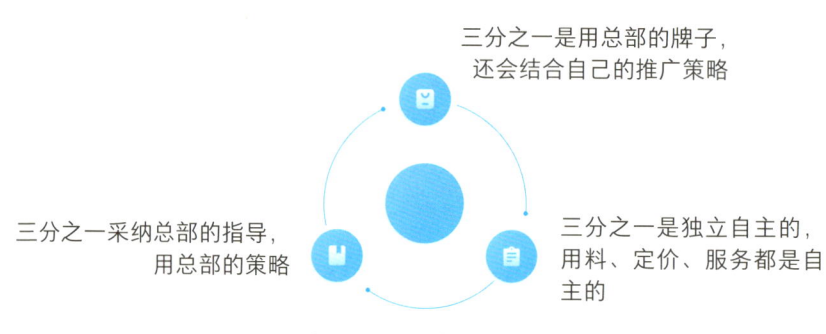

图1-4　加盟连锁三三制

连锁做大以后，一定是三者结合，既有直营店，也有加盟店，还有自由连锁。直营店不需要太多，不需要强化利润。否则，直营店会抢加盟商的利润。直营店要成为加盟店的学习基地，要成为潜在加盟商的考察基地，还要成为门店的金融基地。

学习基地，就是给加盟商学习的地方。学会以后，回到自己的店里操作。考察基地，是给想要加盟的人来了解情况，来使用产品，体验服务。金融基地，比如有人要加盟，手里缺钱，银行贷不到，风险投资看不上，就可以向总部贷款。抵押物就是门店。拿到贷款以后，加盟店可以正常运作。总部也会大力扶持，扶持一家加盟店，相当于开了一家分公司。

第2节
连锁增值引流的三个策略

许多门店缺乏流量，导致没有钱分。没有钱分，股权也就失去了意义。所以我们要从源头上解决问题，不是解决股权的分配，也不是解决分钱机制，而是先解决引流的问题。流量有了，钱流就有了。那分钱就是顺理成章的事。

如何引流，有三个大的策略：全店引流、全域引流、全民引流。简称"三全策略"，如图1-5所示。

连锁企业股权设计

图1-5 连锁引流三全策略

1. 全店引流

一个店面本身，就是一个引流的载体。要好好去布置，在不违反城市环境规则的前提下，尽可能把店面包装出特色，力争成为街道上的"显眼包"。但是好多门店管理者忽略了，他们认为，只要产品好，客户就会进来。整个门店，只有门顶上一块招牌。打烊时，拉下一道生锈卷帘门，在夜幕下的街道，这家门店显得太"另类"了。

还有一些运动服门店，上面的招牌只有两个信息，一是中间一个小小的标志，外行根本看不出门店是卖运动服的。另一个信息是右下角一个数字，外行根本不明白数字为何意。其实数字是指门店的编号，连锁门店往往有编号。这些编号也是门店的骄傲，是特别好的引流素材。

比如，星巴克第1000家全球连锁店，就是这个数字，使这家门店成为人们打卡的地方。第1000家店，有独特的引流特色。当然，第999家门店，同样具有引流的特色。

而门店招牌只放一个精致的标志，这是学习耐克的。

耐克的标志就是一个"勾",衣服上也只有一个"勾",就是这种简约风,让品牌享誉世界。但是,耐克当初不是这样的。耐克初期在推广时,一个"勾"下面还有英文NIKE,还配有中文名,还有口号,一应俱全,四合一的宣传。随着它的品牌效应不断放大,风格不断简约,就演变成今天的一个"勾"。

而效仿的门店,自身的名气还没有打出来,连品牌的名字都没有深入人心,就直接简约,这就不利于引流。

应该怎么做?

要让消费者在1千米的视线之内,看到你的招牌。视觉点在哪里,招牌就要出现在哪里。接下来是店内宣传,从装修风格,桌椅板凳,前台窗口,都要有特色风格。从材料、颜色、尺寸,做出视觉冲击的感觉。还有职工的衣服,都是统一的品牌风格,这就是全店引流。

在装修风格方面,银行的网点做得都不错,不管在哪个角落,都有显眼的主色调。有银行的标识,有中文名称。银行这么大的名气,都会配上中文名,为什么服装店就舍不得放上中文名呢?在中国的门店没有中文名,就没有辨别度,只会丢失流量。

如果能摆放行业特征的实物,引流效果就会更好。

比如,一个红白蓝三色旋转柱一看就知道是理发店。后来有的店简化了,变成黑白两种颜色。只要是旋转,人们依然知道这就是理发店。还有一些寿司门店,会挂一个或两个小灯笼,加上一个布帘,寿司的特色就显示出来了。

全店引流,有一家公司做得特别好——屈臣氏。

这是一家拥有4000家门店，覆盖全国500个城市的连锁品牌。对于电商来说，门店越多，资产越重。但是屈臣氏的门店，线下提高服务品质，线上引流购买。线上购买，线下派送，最快30分钟就可以送上门。而每一次送货，都是一次引流的机会。比如挑选香水、口红、粉底液，这是需要到线下门店来体验的。这样，屈臣氏的线下与线上结合的消费金额，已经是原来的3倍之多，而且会员的回购率是以前的2倍。

2. 全域引流

不是私域，不是公域，而是全域。单纯的私域，用户有限。单纯的公域，流量有限。要将两者结合在一起，才有价值。看周大福如何做全域引流的。

但凡珠宝，十有八九都姓"周"，如周大福、周六福、周生生、周大生。如果想在这些周姓的连锁门店中突围，就要做出差异化的引流。周大福选择了线下与线上融合，公域、私域结合，做成全域数字化经营。用户在哪里，周大福的入口就在哪里。既然很多人选择在线上购买，周大福就把店铺开到线上。周大福的电商，与平常电商不一样，周大福是做小程序商城，交易系统是"云商365"，用户系统是基于"企业微信"。宣传是结合视频号、公众号。

当一个消费者走进一家周大福的门店，导购就拿着平板电脑前来服务。导购推荐，一般是基于利润和提成来推荐的。而系统推荐，则是基于用户信息来推荐。系统会根据用户的信息做出智能化推荐，根据用户的性别、年龄、籍贯、职业，给出不同的推荐。对于黄金珠宝这样高单价、低频次、少光顾的产品，智能推荐就显得特别重要。

这样，线上挑选、线下体验的人群就多了。如果还是难以选择，可以添加导购的企业微信，做后续的咨询服务。有了这样的全域引流，周大福在2021年商品交易总额，翻了14倍，营业收入增加了41%。

另外，做引流时要特别注意，不要轻易去设计APP。用户不可能为了你一家产品，专门下载一个APP。哪怕下载了，使用一次，基本不会打开第二次。所以尽量做轻量化的引流，选择小程序加企业微信，轻松做到全域引流。

3. 全员引流

经营方式是领导的事，但引流是全员的事。领导的时间有限，全员的时间无限。领导的创意有限，全员的创意是无限的。也许店员一个创意点，可以让整个门店利润翻倍。

雇佣时代已经过去，合伙经营时代已然来临。营销就要全员营销，引流就要全员引流。过去只有老板关注引流的事，只有客服或销售操心引流的事，这样带来的流量极其有限。现在的经营，要让全员引流，全员都有责任感，全员都有使命感，全员都能参与引流带来的分红。

以前的门店经营，大家的工作量不一样。有人累到吐血，有人闲到打游戏。这样会让全员降低效率，降低产能，导致公司亏损。现在的连锁经营，必须全员引流，让人人尽一份力，人人去拥抱流量。拥抱流量，就是拥抱财富。

具体如何来操作？

首先要让全员接受全域数字，让全员有流量的思维意识。不要把流量当成洪水猛兽,要安排好流量的培训,让大家去学习。

其次是让全员熟练使用数字工具,其实所谓的数字工具并不复杂。不外乎就是天天用的微信、企业微信、小程序,还有一些第三方数据分析软件。

这些工具不挑年龄,小则20岁,大则50岁,基本能熟练操作。只要使用,就会越用越熟练,效率越用越高。工具一旦学会,不管如何迭代变化,大家都能跟上。人们天天使用微信,天天刷抖音,版本如何迭代,都能适应。

思维跟上,工具跟上,接下来就是机制跟上。每个人的流量变现,都有相应的分成。分成比例不是一成不变,而是跟随市场,跟随时间在变化的。不管钱分得越来越多,还是分得越来越少,要记得三个分配原则:公平化、公开化、公正化。

全员引流操作步骤,如图1-6所示。

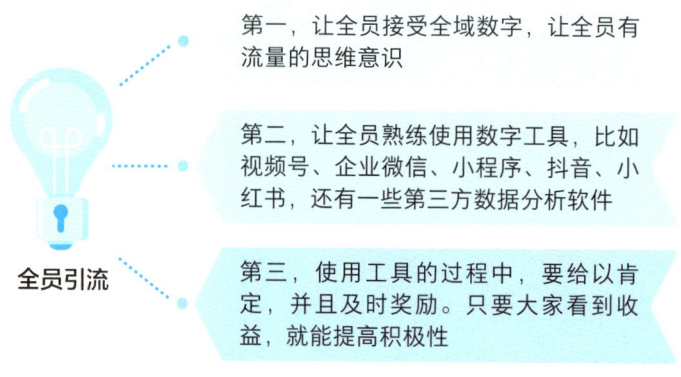

图1-6 全员引流操作步骤

人们会因为分钱少而失望,会因为分钱不公平而选择离开,还会因为分钱比例太随意演变为互相抢单,甚至大打出手。所以,必须从三个分配原则着手,做到这三个原则,才能把钱分配好。若做不到这三个原则，宁可不去做全员分配。

这是引流的三大策略，全店引流、全域引流、全民引流。引流好则业绩好，业绩好则有钱分，有钱分时股权就有价值，股权有价值人才就有价值。

第3节
连锁品牌发扬光大的三个特质

随着数字化加速发展，连锁品牌会变得越来越智能。连锁品牌不再是"到处都有"的印象，而是一种情怀和信赖，并且会牢牢抓住新生代。

比如连锁集团，全球各大城市连锁酒店，这就值得信赖，并且会成为首选。自由旅游时，还会以连锁酒店为中心，设计旅游路线。各个酒店可以享受同等优质的服务，也能有共享的酒店积分，这样的趋势，在未来会有更大的竞争力。

比如咖啡小店，可以开在繁华都市的街头，也能开在静谧的旅游小镇。但无论开在哪，除了正常的服务，小店还能让顾客拥有一份情怀。

单丝不成线，孤木不成林。总部依赖门店，门店信赖总部，只有互相结合，才能做强做大，获得青睐，获得消费者光临，获得自媒体关注。连锁总部与门店之间，是相辅相成的关系。连锁品牌，就是总部与分部的结合体，没有分部，那总部就是光杆司令，这样的品牌影响力也不大。总部强大，可以把门店开遍全球，走向国际市场。

连锁品牌，就是总部做模式固化，分部做模式复制。比如大家耳熟能详的沃尔玛、家乐福、开市客、麦当劳、肯德基、星巴克、瑞幸咖啡、蜜雪冰城，全部都是一个模式。因为复制，让麦当劳的薯条在全国是同一种口味。

一、连锁品牌的三个特征

连锁品牌具有以下三个特征，如图1-7所示。

图1-7 连锁品牌三个特征

1. 模式可复制

复制是连锁的第一大特征，连锁可以快速发展，就是得益于模式可复制。在复制之前，需要把流程、产品、方法、模式、心得，都固化下来，并且形成可操作的图文（图片比文字好），这样就容易完成复制，实现快速扩张和增长。

2. 适用范围广

连锁不仅有百货、餐饮，还有教育类、美容类、汽车类以及其他服务类的领域。比如，同一条汽车生产线造车，车放在全国各个城市的4S店里，形成全国联网，全国联保，全国联售。这样的连锁，就不单是做"市"，而是做"势"了。

3. 发展速度快

连锁行业是最快的扩张模式之一，比如蜜雪冰城，经过20余年的发展，厚积薄发，门店越开越多，现在已经接近3万家门店，覆盖全国地市及自治区，还开拓了海外市场，尤其是东南亚市场。这就是一个品牌复制的力量，在复制过程中，快速发展。

二、连锁复制的前提

连锁如何快速发展？快速复制，要有三个前提，如图1-8所示。

01 第一个前提
所有操作，足够简单

02 第二个前提
不大不小，容易存活

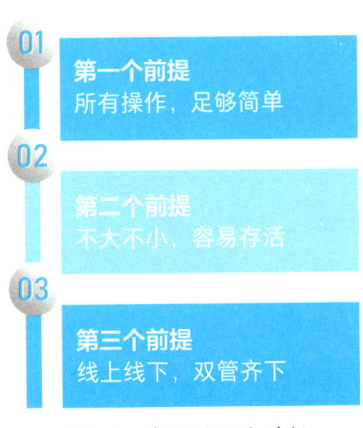

03 第三个前提
线上线下，双管齐下

图1-8 复制的三个前提

1. 所有操作，足够简单

产品、服务、模式，全部做到足够简单，一学就会，一用就到位。比如寿司这样的产品，对专业厨师来说，那简直太简单了。跟着技术步骤操作就可以做出外形一致、口味一致的产品，然后加上店内独特的包装，最后呈现的形象全部一致。

加盟商同样如此，在总部培训三天，就可以开店了。这三天培训，还包括品牌说明、获客技巧、留客技巧、服务技巧、线上引流技巧，还有手工制作技巧。而加盟商要的也不是独特的口味，而是连锁的品牌。因为连锁品牌，容易引起人们注意。

瑞幸咖啡、蜜雪冰城、星巴克、麦当劳，同样不是靠高难度的技术，而是用机器取代人工技术。所以，加盟瑞幸咖啡、蜜雪冰城，主要是有一套制作设备，这才是核心竞争力，这机器是总部研发，用它来做出标准化的产品。

还有一类，口味比较独特，比较复杂，这是不能亮相的技术。比如黄记煌，它有一个酱料包，这料包的配方是不能亮相的，加盟商或者直营店是学不到的。而总部就是用这个配方，让加盟商与直营店的操作变得简单。

所以，只有足够简单，才可以快速复制，快速发展。

2. 不大不小，容易存活

如果是超大店，如沃尔玛、家乐福，这样的门店是综合性连锁，产品包罗万象，日常开支也大，而且受电商影响也大，反而难以生存。近年来，这类超大型连锁门店开始纷纷闭店。

还有一类，超小型门店，10平方米以下的小档口门店，专门做理发的，剪一次头发只要10~20元。理发师只要一名，时间自由，想开就开，比以前在理发店打工赚得还要多。但这种模式，看上去是连锁，其实并不是连锁。这种形式都是自行复制的，没有总部或总店。

不大不小的门店，例如蜜雪冰城，有20平方米就可以开，不提供座位，几个人就可以开店。四人轮班，就可以开一整天。N多寿司也一样，老板是从路边摊起家的，有丰富的摆摊经验。之后他把产品标准化，开始在小档口经营。然后全国加盟，一年开出上万家店。个个火爆，容易存活。

西贝莜面村，起初的门店非常大，独栋的楼，少说也有3000平方米，但是单店盈利并不强。所以，近年来，西贝在减少单店的规模。还把店开在写字楼里，仅需100平方米，只提供33道菜，盈利能力反而很强。（有人问过西贝，为什么只提供33道菜。西贝董事长贾国龙说，没什么玄机，以前100多道菜，现在只要33道，都是不用油烟就能做好的菜。可以保证，闭着眼睛点，道道都好吃。如果不认可，立马可以退单。）

乡村基、瑞幸咖啡、沪上阿姨，都可以说是不大不小的店。这些店，同时也借助了资本的力量，乡村基在纽交所上市，瑞幸在纳斯达克上市，沪上阿姨获得嘉御基金近亿元的融资。

还有一类，杨国福麻辣烫、张亮麻辣烫，这类门店是开店快，关店也特别快。问题并不出在规模，而是菜品，麻辣烫菜品还是太多，质量总是出问题。许多菜和肉当天消耗不完，第二天继续用。关于麻辣烫的问题，有相关报道。

3. 线上线下，双管齐下

从经营哲学来说，小而美的连锁，更容易盈利。规模大，成本也高。靠量取胜的时代已经远去，像沃尔玛这样的综合型连锁，也竞争不过电商。沃尔玛有上万件产品，但是淘宝、京东、拼多多，有上百万种产品，更加丰富，可选性更多。

连锁就像草原，超大型动物如犀牛、大象，生存不易。如果拆解成无数小单位，每个小单元都可以复制，并且听从总部的战略与方向，这就可以实现蚂蚁雄兵。所以，草原上狼疯跑起来，肯定是老虎出现了。老虎疯跑，那就是大象群出现了。大象群疯跑，肯定是蚂蚁群来了。

单独的总部，没有分店，数据不好看，消费者不看好，投资人不看好。单独线下，无法引流，无法留存客户。只有总部和分店联动，线上线下联动，才是当下连锁的趋势。而且联动之下，有诸多优势。

比如蜜雪冰城，材料由总部批量集采，把成本降到最低。然后配送到各个加盟店，这样就可以实现低成本策略。哪怕是一支吸管，一个纸杯，都可以集采，一年节约几百万元。而一个单店采购，哪有这样的优势？

总部拍广告宣传片，全国统一投放，可以惠泽全国连锁门店。而且投放也可以拿到最低的广告价格。如果只有一家门店，广告成本高不可攀。还有人，批量培训人才，成本也不高。一个会议室坐100人，同时听课，这成本分摊下来，个人培训成本不高。单店的人才培训，那只有独自去学习，成本高昂，也找不到合适的课。课程也无法订制，但是批量上课，可以向讲师或专家订制内容。

这就是连锁品牌的三个前提，三个特征。有了这些前提和特征，可以让连锁品牌打得更响,让加盟方案更有吸引力。而且对于市场来说,"良币可以驱逐劣币",优质连锁数量和规模提高,会把那些套路连锁挤掉,把割韭菜的公司挤掉。

第4节
连锁总部对分店的四种管控

连锁行业最大的战略,就是强干弱枝,纵横联合。

强干,就是主干要强,主干就是总部。弱枝,就是分枝要弱。分支弱,不是没有竞争力,不是不盈利,而是核心技术要由总部掌控,品牌由总部掌控,这样才可以发展下去。如果一棵大树,主干不强,各个分支却很强,那这棵树整体也无法长大,更难以对抗风雨。

说具体一些,比如餐饮连锁,菜品的核心酱料、核心配方,要由总部控制。如果没有这种掌控力,分店自己调配方,味道不能保证统一,质量不能保持统一,连锁就没有意义了,不如各干各的。

纵横联合,就是合纵连横,各个分店之间,横向联合,互相支援。不仅人员的支援,还有物料的支援。比如一个城市的海底捞连锁,一家门店的菜品售罄,可以向另一家寻求支援。一家门店人员闲置,另一家比较忙碌,也可以进行人力支援。

某个特殊阶段,就曾出现过"联合办公"和"共享员工",只要由总部调配，人员就可以流动办公，应对特殊时期。而且有了总部的掌控力，员工的劳动报酬也有保障。

所以，连锁行业战略有很多，最大的战略就是经营战略，就是这八个字：强干弱枝，纵横开阖。还有一些战略，比如现金流战略、分红战略、智能+战略、多元化战略、聚焦战略等，这些都是排在这八字战略之后。

强干弱枝，纵横联合的战略之下，具体操作就是四类管控：人的管控、钱的管控、股权管控、经营管控，如图1-9所示。

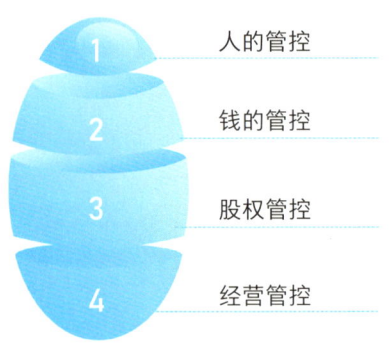

图1-9 集团四大管控

一、人的管控

人的管控，主要是店长和财务的任命。钱的管控，不仅有现金流，还有税务。股权管控，就是总部和分店之间的控股方式。经营管控，有一系列内容。

连锁分部的总经理，级别等同于集团中层领导或高层。直营店的一把手，往往是集团派遣来的，不是内部提拔。因为分店开业，先有店长，再招募店员。

店长一般有三种类型，开拓型，盈利型，品牌型，如图1-10所示。

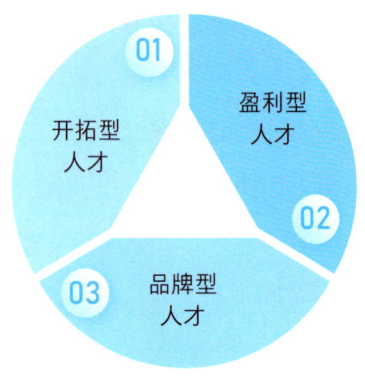

图1-10 连锁行业三种人才

1. 开拓型人才

各有各的长处，选好新址，往往会派一位开拓型的店长，把店面开起来。一年以后，连锁分店比较平稳，再干一年，风生水起。第三年，总部可能将会调任他去更大的门店发展，做更大的开拓。比如在三线城市任职，调到二线城市任职。然后还有可能将其调回总部任职，这时岗位至少升一级。这就是人才的管控。

2. 盈利型人才

盈利型，一般是财务出身，擅长守财，善于开源节流。当门店经营三年，比较稳定时，由盈利型店长接手，盈利率就逐年上升了。开拓型的店长，是比较有魄力，花钱大手大脚，为人也大方，他们对省钱没有太多概念。

3. 品牌型人才

品牌型，就是孔雀型人才，也是艺术型的，他们善于做文化，可以把分店的形象做得非常好。当你去一家门店，看到店员着装整齐，手势统一，桌面都是对齐一条线，那一把手一定是品牌型的人。这种人有一些偏执，能把细节做到极致，而且对微妙的地方掌控得很好。

可以看出，三种都是人才，是人才就让他流动起来，不要守着一个地方。分店也不是无休止扩张，要在发展中盈利，在盈利中打好品牌。所以，新店找开拓型人才，这种人才一般是销售出身。守店要盈利型人才，这种人才一般是财务出身。旗舰店就找品牌型人才镇守，这种人才一般是做策划出身的。

在人员的调配中，要明白三条原则，如图1-11所示。

第一，调任职位越高，福利越好，发展空间越大

第二，调任过程中，不能让老实人吃亏

第三，人尽其用，发挥特长

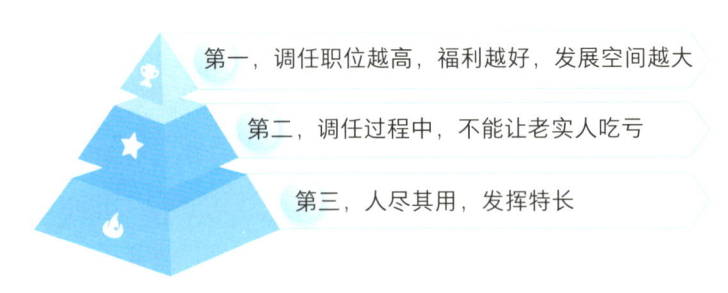

图1-11　人才调配三条原则

第一条，调任职位越高，福利越好，发展空间越大，这是人性使然。

第二条，调任过程中，不能让老实人吃亏。一位得力干将，是难得的开拓型人才，不可能总是让他去各地开拓业务，这样他的精神永远处在紧绷状态。应该让一个人，忙一时闲一时。开拓三年，冲在一线。管理三年，退居二线，这才是用人之道。

第三条，人尽其用，发挥特长。年轻时冲锋在一线，年老时退居二线，在管理岗位上继续发光发热，也可以在内部商学院任教，这是最好的安排。

二、钱的管控

钱的管控，不只有现金流，不只是利润，还有税务。钱的管控，并不是直接控制，而是间接控制。

现金流，并不是控制，而是分析。从现金流中，分析出门店经营情况。

利润方面，直营店的利润归属于总部，利润并不是每天结账，而是月结，或者按季度来结账。加盟商的利润，归他的店里。

直营店像亲儿子，由父母培养成长，供他读书，最后出了利润，需要上交。但是没有利润，"父母"也是要管的，总部也是有责任的。加

盟店是徒弟，是师傅教会他独立自主，自负盈亏。

直营店，集团要委派审计，定期查账，也会不定期抽查。一是防止内部贪腐，二是防止经营漏洞（经营漏洞往往就是钱的漏洞），三是防止偷税漏税。税收的问题，不仅是道德问题，也是法律问题。如果偷税被查到，不仅要几倍重罚，还会损害集团品牌。

加盟店，一般有三种加盟方式。第一种是一次性交加盟费，这种情况比较常见。交一笔加盟费，同时获得加盟资格，也获得了区域保护。第二种是交年费，按年为单位，每年交一次品牌使用费。这种是较为松散的合作，交钱就合作，不交钱就不合作。现在这种模式，慢慢兴起。至少有50个知名品牌，现在专门做品牌租赁服务了。第三种方式，拿一定比例交给总部。这种情况，赚得越多，分得越多。但是，加盟店一般不谈股份。股份的方式，会带来许多麻烦事。

这几种加盟方式，哪种更好呢？

没有好坏，只有偏重，不同的控制方式，用在不同的合作场景中。

第一种加盟费，就是一次性收取。这种方式有个前提条件，是总部有强势的品牌效应，然后对外发布加盟消息，全国各地就会有人响应。要是没有品牌效应，别说是收钱，就是免费，也没人加盟的。第二种年费方式，就像咱们开了QQ会员，年年交费。这是松散式合作，合作一年，交一年的费用。第三种按利润来交，这不容易监控，现在基本没有这种合作方式。

三、股权管控

连锁总部和分部之间的持股比例，取决于公司的战略。

如果是直营店，总部会持有分部的全部股份。

比如，蜜雪冰城的直营店，都是总部100%持股的。这些直营店，往往是旗舰店，是当地的标杆门店，供潜在的合作者参观，供已经加盟的供应商前来学习。虽然拥有超过67%的股份，就可以绝对控股，但连锁总部和门店之间，是隶属关系，没必要占有67%以上，也不用占80%或90%，直接就百分百控股。如果店长持有门店10%的股份，结算就比较麻烦。他的能力好，调到其他门店，股权就要变更。他的能力不好，突然离职，股权就变成牵绊。所有的工商手续，一项都不会少。

蜜雪冰城旗下的直营店，全部都是百分百控股，直营店没有股权。这样的好处是，不需要变更，结算简单，职责明确。店长可以持有分红股，骨干的店员也可以持有分红股。有利润就分配，利润多就多分，利润少就少分。店长离职，新的店长上任，依然按分红股来分配。

蜜雪冰城股权结构，如图1-12所示。

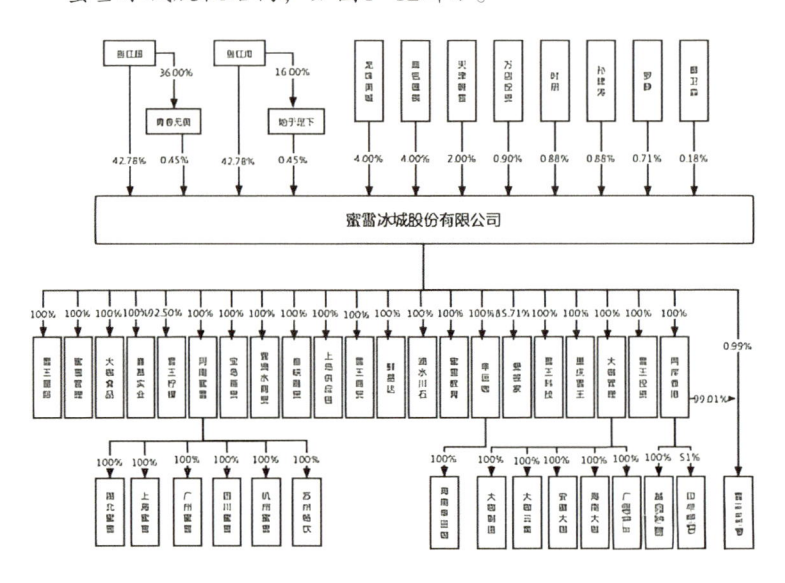

图1-12　蜜雪冰城股权结构图

如果是并购的门店，将对方品牌、门店、人才、债务，全部收购，这时会做51%的相对控股，以前老班子，持有49%的股权。有一些门店的收购，还是双品牌运作，股权就是另一种分配。比如国美当年收购大中超市，扩大家电零售业的市场份额。收购以后，大中超市的品牌还有保留。

加盟店，是品牌合作关系，总部并不是全权控制加盟店，也不会持有加盟店的股份，而加盟店则自负盈亏。对于总部来说，持有加盟商的股权，变更麻烦，利润不透明，风险还要共担，不如不持股。对于门店老板来说，被总部持股，相当于总部在"抽血"，这个钱给得特别不甘心。

所以，近几年连锁商业模式，就是不持股，共享品牌。总部用独特的经营管理，独特的产品和仪器，独特的原材料，还有独特的品牌，来赋能加盟店，从而达到制约和控制。

四、经营管控

这是一个很大的范畴，有多项管理。

经营管控七个策略，如图1-13所示。

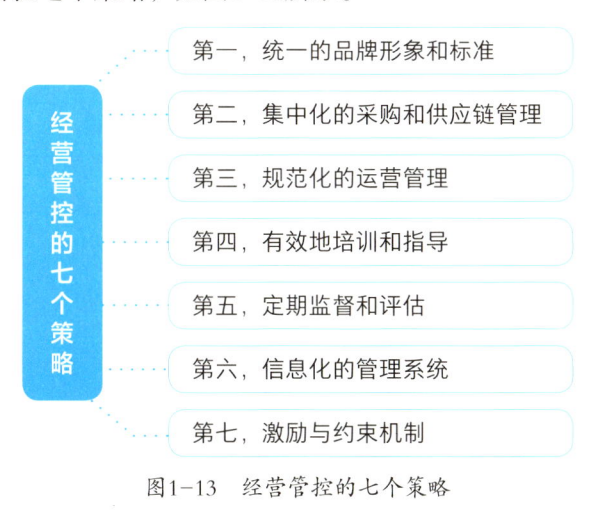

经营管控的七个策略：
- 第一，统一的品牌形象和标准
- 第二，集中化的采购和供应链管理
- 第三，规范化的运营管理
- 第四，有效地培训和指导
- 第五，定期监督和评估
- 第六，信息化的管理系统
- 第七，激励与约束机制

图1-13　经营管控的七个策略

（1）统一的品牌形象和标准：连锁总部应确保所有分店在品牌形象、店面设计、产品质量和服务标准上保持一致。这有助于构建统一的品牌形象，提供一致的顾客体验，从而增强品牌认知度。

（2）集中化的采购和供应链管理：总部可以集中采购原材料和商品，确保产品质量和成本控制。同时，通过优化供应链管理，可以减少库存成本，提高物流效率。

（3）规范化的运营管理：总部应编制详细的运营管理手册，明确各项运营标准和流程，包括员工职责、服务流程、产品陈列等。分店须按照手册进行日常运营，确保与总部要求保持一致。

（4）有效地培训和指导：总部应为分店员工提供全面的培训和指导，包括品牌文化、销售技巧、服务标准等。这有助于提高员工的业务水平和服务质量，从而提升分店业绩。

（5）定期监督和评估：总部应定期对分店进行监督和评估，包括业绩考核、服务质量评估、客户满意度调查等。通过评估结果，总部可以及时发现并解决分店存在的问题，提供必要的支持和指导。

（6）信息化的管理系统：引入先进的信息化管理系统，实现总部与分店之间的实时数据共享和沟通。这有助于提高管理效率，加强总部对分店的监控和指导能力。

（7）激励与约束机制：总部可以建立合理的激励与约束机制，如设立奖励制度、惩罚措施等，以引导分店积极遵守总部规定，实现经营目标。

第5节
连锁门店的四种形态

内行看门道，外行看热闹；内行看本质，外行看表面。

连锁行业到底行不行，门店到底好不好，不是看装修，而是看服务。不是看规模，而是看复购。不管是什么连锁，最期待的就是人们常来常往，还带着新朋友来消费。

所以，今天看一家连锁，不要凭规模来判断。超大规模的连锁，也一样在关店。十平方米的"一分钟诊所"，一样在盈利。不管是创业者、加盟者还是消费者，都要懂得打开慧眼，透过现象看本质，从规模中判断什么店的形式发展最好，从连锁的模式判断前景。

分析一个门店，不要以为只是卖货，也不要以为卖低价的货品。事实上，现在的连锁，无所不能。从业务角度来说，有全省连锁，有全国连锁，还有全球连锁。从生意角度来说，有形产品可以销售，无形产品也可以销售。比如，保险是无形产品，要把内容印刷成文件，拍成视频，按有形物来宣传。哪怕最后签订的保险合同，都是可见的文件，整个过程要直观可见。

汽车、房子、相亲者，这是有形的，可以用大屏幕，虚拟设备展示出来。如果看中，现场办理手续，车商会把车给你送过来。大型商超的一楼，一般都有一个汽车展台，展示新款汽车。

房子也可以在连锁店中展示，摆一个微缩模型。服务人员会拿激光笔来介绍楼盘情况，看上了就可以订。关于这个楼盘模型，也是越做越精细，模型与实物的比例也是越做越好。未来随着科技发展，这些模型会有更好地呈现。而门店也会因为这些展示方式，变得更加丰富，更有特色。

相亲业务是有形的，但是连锁门店中，经常有相亲的连锁业务。各大婚恋网站，都有线下的连锁门店。摆几台大屏幕，在上面可以看相亲者资料。免费看，但是要获得联系方式，获得匹配机会，就要交费。还可以把自己的信息录入数据库，让别人来匹配自己。如果你优秀，经历又丰富，他们还会推荐你上电视节目。

现在的大型商超，都是综合性超市，不仅有吃的，还有玩的。不仅有展览，还有挑战活动。不仅有明星宣传，还有网红打卡。比如万达广场，在城市的中心。它每一层都有主题内容，一楼卖鞋子、化妆品，二楼是餐饮，三楼是衣服，四楼是电影院。全国的万达广场，大体都是这样。万达广场的理念，本来就是让一家老小都来，大家都能乐在其中。可以吃喝玩乐，可以试衣服，可以买家具。买家具不一定要去家具城，现在的门店，可以定制家具。订好样式、尺寸、材料，在门店下单，工厂开始制作，做好了送到家里，并且帮你安装好。

未来的连锁，必定以玩为主，以吃为主，这是线上无法取代的业务。而且现在人们最喜欢的事情之一，就是逛个新鲜。因此，只要有新鲜花样，就有人气。如果门店陈旧不变，客流就少。有人说，约会去公园，约会要看电影，这样说就是有代沟了。公园那是上个时代约会的地方，电影院里两人相约看电影，已经在减少。一个人看，或者三五成群地看，越来越多。可以看出，连锁无所不能，只要想得到，就有人做得到。

一、连锁行业四种类型

门店分大小，盈利有高低。大大小小的门店，组成了美丽的城市风景。而且有一个趋势，连锁门店越来越多。从户外招牌一眼就可以看出，进店以后，装修风格也是连锁的形式。连锁店有品牌效应，有服务保证，更容易存活下去。

这些连锁门店，从规模上区分，有四个类型，小店、中店、大店、超大店。从发展上区分，有四个阶段，单店、多店、连锁店、上市门店。

连锁门店四种类型，如图1-14所示。

图1-14 连锁门店四种类型

1. 连锁小店

小店是起步，就像小草一样，在一个角落开张，一个人就可以值守。比如，随处可见便利店，买完就走。代表门店有蜜雪冰城、瑞幸咖啡。

蜜雪冰城正在上市阶段。它的模式已经成熟，一天就可以开几十家店。可以说，它已经过了"摸着石头过河"的阶段，正走向"虫子变成蝴蝶"的阶段。它的店，无论开在哪里，基本上都会有人排队。一条街只要有一家蜜雪冰城，整条街的流量都会增加。

西贝莜面村的老板贾国龙，他有一个心愿，让西贝的餐饮开遍每一条大街。但是这些年，西贝的店是一边开，一边关。模式也是一直在变化，没找到快速复制的模式。但这个心愿，蜜雪冰城给实现了。西贝餐饮，门店再小，也需要100平方米的面积，很难开遍大街小巷。而蜜雪冰城只要有20平方米就可以开店。它不提供座位，用户点完带走。

2．连锁中店

中店是像麦当劳、肯德基、星巴克、永和豆浆、海底捞和西贝莜面村、海澜之家这样的门店。它们往往在街道的一楼，尤其是街道转角的地方，那就是黄金位置，可以被左右两边行人看到。目前，这样的门店可以说活得最好。

3．连锁大店

大店是综合商超，往往有三层以上，还有地下一层。地下一层往往卖水果和蔬菜。全国大部分商超都是这样。代表门店是华润万家、大润发、苏宁、国美、茂业百货。

大店虽大，经营未必很强。大润发被阿里巴巴收购，苏宁因为阿里注资，才渡过难关。茂业百货，被高瓴资本投资100亿元，才焕发新生。

4．连锁超大店

更大的店，就是万达广场、红星美凯龙、宜家家具、沃尔玛、家乐福、河南胖东来超市。这些门店是独栋大楼，整个建筑有3万平方米以上。它们能成为街道的地标，能成为城市的地标，能带动周边的经济，还能改善周边人们的生活。

这类商超，往往是集群的方式，里面是别人的门店，一家挨一家，有几百家小型门店。而入驻这些商超的门店，基本就是连锁店。

从形象上划分，有普通店和旗舰店。这两者并不是从装修上区隔，旗舰店要讲究天时、地利、人和。天时就是趋势，赶上行业好时光，旗舰店可以大放异彩。地利就是位置，同样是门店，旗舰店肯定要大一些，位置要好一些，人流量也非常大，这个位置是可遇不可求的。

人和，要有一个强大的管理班子，一个优秀的店长。有了优秀店长和集团管理班子，可以让旗舰店大放异彩，成为人们追捧的门店。集天时、地利、人和于一体的门店，可以称为旗舰店。若不然，旗舰店就只是一个装修豪华，只做表面功夫的门店了。

二、连锁发展的四个阶段

此外，连锁门店发展有四个阶段，如图1-15所示。

图1-15　连锁门店发展四个阶段

只要不是资本催生的，都是从单店开始的。资本催生出来的连锁模式，其创始人也是连续创业者，之前创业也是从单店开始。有了充足经验，有了足够资本，有了成熟的运营经验，才可以用资本的方式，直接用加盟方式引爆全国。这种模式，前提条件太多，而且属于资本范畴，本书不做具体讨论。

1. 单店阶段

比如，在街上看到一家门店，招牌写着四个大字：老李烟酒，这就是私人小店，也就是单店。要是写着"周黑鸭""久久鸭"，这就是加盟的，同样是小店，甚至是一个手推车形式"移动小店"，同样可以连锁。

2. 多店阶段

一个老板，盘下多个门店，每个店找一位店长，店长再去找服务员，各个门店之间，并没有关联，这就是多店模式。之所以这样开店，一是因为老板对地段的考察，看到位置合适就盘下来开店。二是因为老板有钱。三是因为老板有经验。当年就是干门店生意的，现在知道什么位置卖什么产品，所以就开多个店。

有一种特殊情况，就是老板加盟了别人的品牌，把自己的几个门店，全部变成加盟店，变成别人连锁品牌的一部分，可以享受供应链服务。这样的形式，对于老板来说，其实还是多店模式，并不是连锁。因为品牌并不在自己手中，自己的发展也完全受制于人。加盟的品牌如果出现危机，这些门店的形象一夜就要被打回原形。

3. 连锁门店阶段

但是有一些老板会将自己旗下的门店统一起来，找一些合伙人，统一品牌，统一管理，统一招牌，统一供货，这样就有连锁的雏形了。

正式成为连锁，首先在招牌上做到标准化，有标准化设计，有统一的名称，统一的LOGO，还可能有一个统一的卡通形象。整体看上去是简洁大方，背景干净，不杂乱。这样的门店，越来越多。

4. 上市门店阶段

连锁门店和其他行业，上市方面有所不同。连锁门店上市难度更大，要考虑的因素更多，比如要特别考察其连锁形态、考察门店类型、是直营还是加盟、各种形式合作的比例，还有投资方式、融资方式。未来开新店的营业评估，全部都要加以考虑。

上市以后，就会以另外的方式来运营。那时，利润不仅来自赚的钱，还需要各方面省钱。比如，用智能代替人工，用源头采购降低成本等。上市以后，有更大的议价方式。比如，连锁上市公司瑞幸咖啡。上市以后，我们会发现，人们不再关注谁是老板，而是关注"优惠券"。

本书主要针对上市之前的阶段。这些门店我们都要了解，这四类店也会互相交叉，形成无数类型的店。股权分配的基础，就是了解连锁的规模和类型。不同的门店，股权分配方式也不同。有些连锁门店根本无股可分；有些门店分了股，也没钱。有些门店赚钱，但股份不值钱；有些门店虽然不赚钱，但是股份非常值钱。这些都要心里有数。

三、门店哪种形式好

各种门店相对比，哪种形式好呢？如表1-1所示。

连锁企业股权设计

表1-1 不同形式门店对比

类别	小店	中店	大店	超大店
单店	街边小店	小区超市	底楼整层	独立大楼、地标建筑
多店	小型便利店	连锁店、加盟店	高档酒专卖店	胖东来超市
连锁门店	蜜雪冰城	西贝	苏宁、大润发 华润万家	沃尔玛、家乐福、宜家家具
上市门店	瑞幸咖啡	海底捞		

超大型、中大型的连锁，整体实力强，但是受电商冲击最大。如果把沃尔玛比作恐龙，苏宁、大润发就是河马，蜜雪冰城就是蚂蚁。那处在中间规模的，就是老虎，比如麦当劳、肯德基、星巴克，这种体形不大不小刚刚好。单店盈利能力强，群体品牌效应强，容易做出规模，也容易上市。而且它们的模式，经过一百年时间的验证了。

恐龙厉害，但它食量巨大，经常挨饿，不容易生存。河马皮糙肉厚，行动迟缓。蚂蚁特别灵活，容易吃饱，但是单体不强，群体才强。

从分钱来说，未必分股就好，有些门店容易赚钱，但股份不值钱。有些门店难以赚钱，甚至亏钱，但是股份非常值钱。从规模上来说，规模大有大的好处，小也有小的优点，难以一比高下。从盈利方式来说，连锁门店更容易做"势"，多店只能做"市"。做势可以做好品牌，做好无形资产，更好地对抗市场风险。做市只能靠辛苦和时间，拼体力。

不同阶段门店分股，如表1-2所示。

表1-2 不同阶段门店分股

阶段	准备期	开展期	发展期	成熟期
单店模式（如楼下便利店）	不分股	不分股	可以分配分红，但不分配原始股	可以分期权股，但不分原始股

（续表）

阶段	准备期	开展期	发展期	成熟期
多店模式（一位老板开多家店）	全员不分股	店长可以分红，店员不分股	店长给期权股，骨干店员可以分红	店长可以给股权，骨干可给期权股
连锁门店（如华莱士、海底捞）	直营店店长有分红股，加盟店自行分配	直营店店长必须分股	优秀店长升任集团管理者，持总部股份（平台大可以人才调配，多重分配）	同左
上市门店（如沃尔玛）	新店老店长有分红股	合伙团队持共同分配	老店新店长有分红股	合伙团队持共同分配

第6节

连锁行业的五大加速赛道

找对赛道，事半功倍。找错赛道，事倍功半。

连锁行业的发展，也要跟随时代，贴近生活。大处着眼，小处着手。放眼国际，着眼本街（本区）。放眼未来，关注眼前。

不要天天和别人打价格战，也不要天天和别人拼促销活动，连锁总部比拼的是品牌和模式，连锁门店比拼的是服务和产品。当门店的产品比不上网上商城时，就只能拼服务。当服务非常一般时，那只有被市场淘汰的命运。

同样，不要以为世界的趋势、行业的政策、科技的概念，与自己无关。其实这些政策或概念，只要落地，只要一天时间，就能改变连锁全部。

世界上每天都有新鲜事，我们就列举五个最大的趋势，暂时不会过期的趋势，看看对连锁行业有什么启发。

全球五大趋势，如图1-16所示。

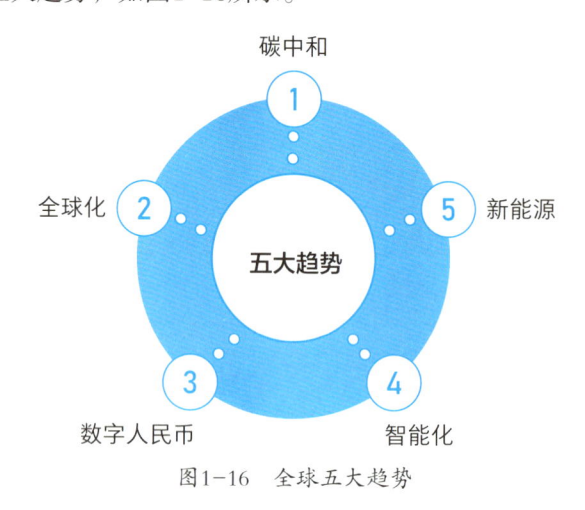

图1-16　全球五大趋势

一、碳中和

从世界发展来看，目前第一大赛道就是碳中和。中国力争2030年前实现碳达峰，2060年实现碳中和。这是我国重大的战略决策，事关中华民族永续发展和构建人类命运共同体。所以，要抓好绿色低碳的发展。加快清洁能源的开发利用，这个投资非常大，在未来40年内，中国将会投资600万亿元。这是什么数字，现在我们一年GDP是100万亿元，而未来在这个赛道会投入600万亿元。

这是一件大事，要几代人共同努力才能完成的。这和连锁有什么关系？连锁门店用量最大的塑料袋，就与碳中和息息相关。少用一个塑料袋，就会为世界多做一份贡献。而且未来的袋子与包装，基本是简约的风格，可降解的材料，耐摔耐压的包装，这都是碳中和的应用之一。

二、全球化

第二个赛道，全球化。

全球发展，已经不仅体现在贸易，还体现在跨文化、跨行业、跨人文发展。这是当今社会重要发展趋势。随着全球化的加速和科技的进步，不同文化、不同行业、不同人文背景之间的交流与合作，已经变得越来越频繁和紧密。跨行业会增加竞争，也会改进人生，还能推动全球经济的繁荣。

不要害怕跨行业竞争，而是要主动迎接竞争。没有竞争意识，迟早会被淘汰。许多连锁便利店，除了有保持期较长的物品，也有现做现卖的产品。比如包子、蒸玉米、现煮咖啡。这些产品，就摆在收银台旁边，供人们消费。这个功能，就是典型的跨界，这可以取代奶茶店和饭店的一些功能。

超市里也会现场炒饭、炒粉、煲汤、做寿司、做大龙虾，这都是跨行业的服务。未来，这个领域会有更多的融合，更多的跨界。在跨界合作中，满足人们丰富的日常需求，实现一加一大于二的效果。而且，综合性超市如果没有这样的服务，客流量就会减少。

随着社会发展，世界各地优秀文化的融合，这些文化都会融合到本地服务中。只要有便捷的、好味的、环保的、低成本的，都会流向连锁门店。因此，在开阔眼界，主动寻求变革，做文化融合，而不是服务"内卷"。要发挥自己的长处，融合别人的长处，形成互补效应，提高整体竞争力。

这就是连锁行业的赛道，不是同行抱团取暖，同行只有赤裸裸的竞争。只有跨行业才能合作，共同抢占先机。

三、数字人民币

第三个赛道是数字人民币。

数字人民币和纸币有同等的法定地位，只不过这是无形的货币，而且与纸币和硬币等价。微信支付是一种支付手段，而数字人民币是支付账户里的钱。

现在纸币使用的场景越来越少，手机支付越来越多，以后数字人民币会成为主流。而且这个过程，我们已经潜移默化地接受，因为我们已经习惯出门不带钱。

数字人民币对门店有哪些方面的影响呢？

（1）提高支付效率：数字人民币采用电子支付方式，不需要使用现金或银行卡之类的支付工具，这就可以让商家更快地完成交易，从而提高支付效率。

（2）降低交易成本：数字人民币的发行和使用不需要任何实体介质，只需要通过手机或其他移动设备进行操作即可。这种无纸化交易，可以减少纸张的使用和运输成本，同时也可以降低人力成本。

（3）加强资金管理：数字人民币具有可控匿名性和可追溯性等特点，可以有效保护消费者的隐私和权益。同时，也为商家提供了资金安全保障，还可以实时监控现金流。

（4）拓展市场：数字人民币的试点范围不断扩大，在一些偏远地区或者没有银行网点的地方，数字人民币可以为当地提供服务。

截至2023年11月25日，数字人民币试点范围再次扩大。由此前的深圳、苏州、成都、雄安新区，扩大至河北省、江苏省、北京、天津、大连、上海等省市地区。

四、智能化

第四个赛道是智能升级。

从ChatGPT4.0开始，国内许多互联网公司，开始建设数据大模型。

我们日常办公，因为智能，提高了效率。比如连锁集团召开一次年度大会，全国店长参加，台上领导发表讲话，大屏幕上就实时显示讲话内容。其中有一位四川口音的领导，他的发言完全是家乡方言。但是智能同样识别出来，只有极少几个字有错误，这不影响台下人员观看。

会议结束，利用智能把会议内容整理出来，在内部办公软件发出。这样可以让参会者及时看到，也能让未到现场的人学到会议精神。

智能的升级，确实会取代一些岗位。在总部办公的一部分职员，可以用智能来代替。连锁门店，一小部分岗位可以被智能取代。但是智能不是洪水猛兽，这是造福人们的技术。

智能可以取代人脑，但不能取代人心，更不能取代人力。比如美容的服务，智能就无法取代人工服务，但可以让人工服务变得更加智能。眼科或牙科的服务门店，有了智能算法、智能设备，可以提供质量更好的服务，但不能完全取代人工。所以，我们要主动迎接智能，主动使用智能，与时代同频，与技术同步。

智能AI对连锁行业的影响，主要体现在以下几个方面。

（1）供应链管理：智能AI可以通过对大数据的分析，帮助连锁企业进行供应链管理，实现需求预测，有效避免过度库存或过度缺货。目前好多门店，都是人工检测、人工盘点、人工汇报。使用智能，可以让供应链的效率提高。

（2）客户服务：智能AI可以实现智能客服系统，通过自然语言处理、深度学习技术、准确识别客户的问题，提供精准解答，给出合理建议。这不仅可以提高客户满意度，还可以降低人力成本。

（3）销售与营销：智能AI可以优化销售和营销策略，通过分析大量的消费行为数据，识别和预测消费者偏好和购买习惯，从而制定个性化的推荐和促销策略，提高顾客购买转化率和留存率。

（4）推荐系统：在不侵犯客户隐私的前提下，通过收集用户的历史购买记录，浏览购买产品的行为，洞察用户的兴趣和需求，推荐适合的商品，提高销售转化率。同时还可以优化货架的摆设，让货品更容易识别。（目前普遍的货架摆设，是利润高的放在视线平行的位置，利润低的放在最下或最上面一层。其实精明的商家，已经有自己的推荐系统。但这种推荐，也是走向末路的行业。）

（5）风险控制：通过对大量数据的模式识别和异常检测，提前发现并预防潜在的风险，保障企业的安全和可持续发展。

（6）降低专业门槛：有了智能，未来的专业就可以由智能实现。比如餐饮行业，AI技术可以用程序控制，做出同样大小，同样味道的汉堡。整个过程中，没有太多的人工干预。这就是智能厨师，同样，不同门店，都有不同的智能专家，辅助服务，让专业做得更好更快。

五、新能源

第五个赛道是新能源。现在汽车是新能源的代名词，一说新能源就会想到汽车。

我国许多汽车行业品牌，就是借新能源崛起的。在燃油车时代，它们是低端车、低价车的代名词。现在新能源，国产车也能和国外车掰手腕了，包括车的性能、车的价格、人性化设计等，都在"弯道超车"。而国外的这些车企，有点后知后觉，发展慢了半拍，现在有点跟不上了。

新能源汽车，并不只是用电池取代燃油发动机，汽车还有重要的软件系统。可以说，软件比硬件更加重要。硬件厂家千千万，软件只有三五家。其中，华为在汽车系统上快人一步。华为自研的软件叫鸿蒙操作系统，这个系统打通四个屏，一是手机屏，二是电脑屏，三是平板屏，四是汽车屏幕。这些屏幕打通，未来我们的生活将会进一步连接。

连锁行业会因为这个系统，再次进化。连锁门店，有线下和线上。连锁服务往往是线上预约，线下服务，单一做线下的服务难以生存。而线上和线下的联合，离不开一个操作系统。在多年前，使用微信支付、支付宝，已经改变了连锁的生态。

到2026年，随着华为的鸿蒙系统进一步普及与发展，会实现"五屏合一"。五屏，就是在四屏基础上，增加了连锁门店的屏幕。这时连锁门店将迎来新的升级。汽车导航到店，然后可以获取店面的优惠券，还有店面的会员信息，然后直接进去消费。这种地面服务，目前已经实现。将来会在操作系统的底层，把连锁与手机打通，与汽车系统打通。

那时，谁的连锁店有充足的停车位、优惠券、会员增值服务，将会更有竞争力。

第二章
CHAPTER 2

连锁总部顶层设计

第1节
连锁总部强大的七大特质

公司强不强，在于模式。连锁强不强，在于总部。总部强，可以御风而行，借风势飞到天空。总部不强，随时可能会消失，甚至一个危机就会消失。比如有一家门店店员和客户发生口角，被拍视频发到网上，然后这家门店被媒体点名，于是关门。

一个集团如同一座大厦，之所以会强大，七梁八柱，缺一不可。本节将揭示总部强大的七大特质，它们简称"七梁"，如图2-1所示。

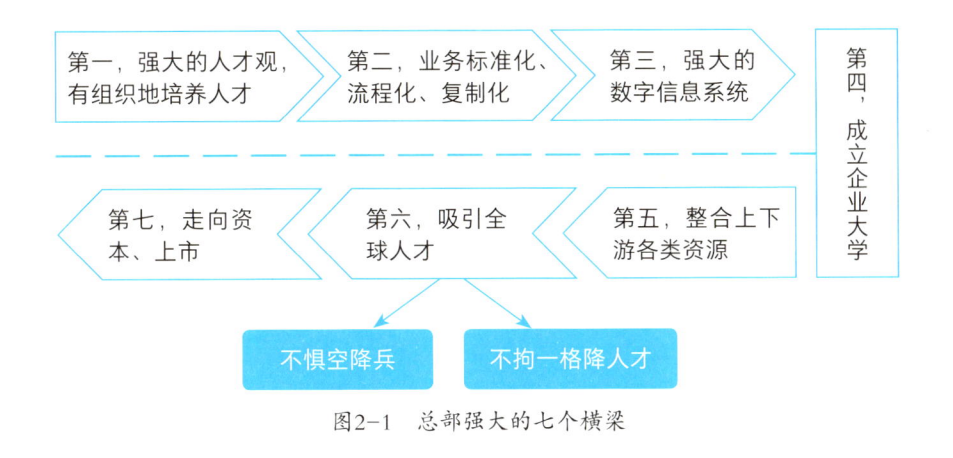

第一，强大的人才观，有组织地培养人才 → 第二，业务标准化、流程化、复制化 → 第三，强大的数字信息系统 → 第四，成立企业大学

第七，走向资本、上市 ← 第六，吸引全球人才 ← 第五，整合上下游各类资源

不惧空降兵　不拘一格降人才

图2-1　总部强大的七个横梁

一、强大的人才观，有组织地培养人才

少于10人，就全员集训，做到思想同频，行动一致就好。10人以上，50人以下，需要有一位培训专员，专门负责这件事。培训专员，归

属于人事部，平时还可以做其他事情，一职多能。

100人以上的连锁，培训专员就是专人专职，这时的培训，可以让一个人工作饱和了。超过500人的公司，必须有专门的培训部，不是隶属人事部，而是与之平级，由副总统一领导。有的公司，培训部称为"人才发展部"。

当公司人数超过1000人，可以成立内部的培训学校，或者叫企业大学。全国几乎所有的大型集团，都有培训学校。但是这个"学校"并不是空有其名，是有专门的办公楼、办公室。

没有不缺人才的企业，没有不需要培训的公司，尤其是连锁型公司，人才严重匮乏。中国的连锁行业，人才缺口达1000万，在这个缺口里面，大专以上学历的人才只占3%，其余都是大专以下学历。这意味着连锁行业的人才学历普遍偏低。但是，他们要做的事一点也不少，含金量一点也不低。

> 比如连锁面包店、连锁蛋糕店、连锁餐厅，这都需要一批经验丰富的老师傅，将手工技艺传承下来。然后将技术，结合机器，传递给各个门店。（现在纯手工的行业已经无法立足生存，只有配合机械，才可以复制操作。）
>
> 麦当劳、肯德基、星巴克给了我们很多启示，总部要人才观，让分店人才变成"机器人"。让他们听从指令，傻瓜式操作，最终做出的产品与服务才能保持一致。看麦当劳的汉堡包，不要以为这就是两片面包夹一片肉饼，没那么简单。要可以复制，就要将各种细节做好，包括面饼的厚度、肉饼的厚度、油的温度、芝麻的数量等。

让人成为"机器人",傻瓜式操作,这并不是人格侮辱,这恰巧是强大的人才观,有组织地培训才能做到的结果。没有培训,一人一个想法,根本实现不了傻瓜式操作。

二、业务标准化、流程化、复制化

这三化是连锁集团强大的基因,标准化做得有多好,连锁发展就有多稳固。流程化做得有多好,连锁规模就能有多大。复制化做得有多好,连锁扩张的速度就有多快。

如何实现这"三化",并不是集团人才部门总结出来的,这需要总部有专门的实验室,有一条流水线去做研发。这还远远不够,需要有直营店提供数据,统一、汇总、归类、优化标准。所以,连锁公司要成立直营店,不仅要占有市场,还要提供数据。总部的数据是务虚的,但直营店的数据是务实的。

集团强大的三化,如图2-2所示。

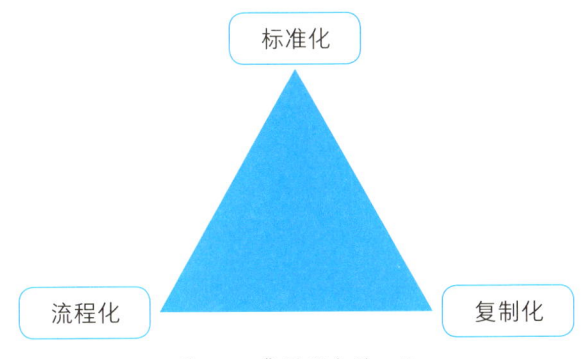

图2-2 集团强大的三化

产品有标准化,服务也有标准化,这不是一成不变的,而是要根据市场反馈,定期做出升级。

有一家中餐厅，它的餐具是经过设计的。比如筷子，前端是圆的，后端是方的，这符合人体工程，用起来也特别顺手，放在桌面不会滚动。但是这筷子偏重，小孩子使用并不趁手，经常会掉在地上。筷子掉在地上，就会叫服务员再换一双。服务员给送筷子，就会多耗费一些时间，一天下来，就会浪费不少时间。

后来，集团研发了一款儿童筷子，比较短也比较轻，这样小孩就可以轻松驾驭他的儿童筷子。同时，集团还改进了服务员的衣服，在围裙前加一个小兜兜，上面可以放几把备用筷子，遇上有筷子掉在地上，一伸手就拿出来，不用去后台去取了。

三、强大的数字信息系统

总部是信息的枢纽，也是信息存储的地方。分部或门店，只有信息调用权限，还有本地数据暂存的权限。

信息系统不是门店里那个收银机，而是一套信息操作系统。收银机是门店的终端处理机器之一，有简单的信息交互功能，可以记录日常流水账。连锁门店还有其他的设备，比如进货时使用的"扫码枪"，专业名称叫无线射频扫码终端，扫一下条形码，就能获得该产品的信息。扫描过程，也是信息录制的过程。

连锁公司竞争主要是服务，未来10年的竞争，一定在科技。科技越发展，信息处理能力越强大。信息能力越强，对人的依赖就越小。沃尔玛早年的强大，就体现在科技与数据处理能力上。它有独立的卫星，而且卫星比许多国家的卫星还要多。

北京物美集团，使用ERP系统管理信息，以此解决物美的扩张和管理。物美近年来收购了许多公司，有北京美联美、重庆百货、新华百货、乐天玛特、江苏时代、邻家便利店，还有麦德龙中国。有这么多分公司，物美集团是如何做到信息统一化管理？

物美集团首先把所有产品的陈列方式统一，销售方式统一，每天、每周和每月，都有统一报表。报表上不仅有销售额、毛利，还有单品的毛利贡献率。然后在物品上贴上磁卡，磁卡是感应的，不是扫描的。采用无线射频扫描系统结算，可以直接感应出数量与价格，比扫描还要方便。

做到这一步，初期的设备需要花费巨资，中期就会把这笔钱赚回来，后期就会加倍赚回来。有了这套信息设备，让服务人员减少了80%。在传统连锁门店中，收银员一般会占到15%～20%，使用了无线射频扫描系统，收银员只需要5%。以前要20个收银员，现在只要5个，这就节约了15个人工成本。

而且，在信息交换期间，有的产品少了，系统会发出信号，提醒补货。这样理货人员又在减少。当人工成本减少，利润自然就会上升。

四、成立企业大学

强企必先建校，强大的企业一定是有一个强大的辅助，叫企业大学，有的公司叫企业学院，有的公司叫企业学校。名称不同，性质相同。企业大学不仅可以培育内部人才，还可以培训行业人才。

连锁集团的学院，如何建设呢？

首先要有人才观，明白集团强大的根本在于人，人的成长决定连锁的成长。在完善内部人才培训的同时，也要着手建设对外的培训学校。

其次，要有专职讲师，可以在总部讲学，也可以到全国分店去辅助服务。讲师团的组成，有一部分是技术能手，另一部分是业务能手，还有管理能手，这些人组合起来，共同给加盟商提供系统性的培训。讲师有内部兼职，也有专职，还可以外聘讲师。专职人员就是只负责培训这件事，做到专业专心。外聘的讲师，优点就是随需而用，省时省力。虽然成本比内部讲师要高，但是可以解决业务扩张带来人力不足的困境、避免结构臃肿、人才闲置的问题。

再次，要有专业的培训室。从一个培训室，再到半层楼，然后是一整层楼。当企业规模变大，可能需要一栋独立的办公大楼，这时就可以挂牌，成立企业大学。

企业大学的成员，要采用务实加务虚的编制。一套班子，两套编制，这样他们讲学的内容不会脱离实际，收入也得以保证。如果是单纯的内部培训师，虽然在课堂上受人尊重，但在课堂之外，他们是弱势的。

企业大学的管理成员，必须由副总以上的成员来负责，他可调配内部人员。总裁与董事长，挂名为校长或名誉校长。这样做，是为了更好地执行培训任务，贯彻培训理念，完成集团战略。

最后，要坚定不移相信学习的力量是无穷的，不要半途而废。比如，学习麦当劳大学的办学理念。

麦当劳大学的理念是，没有个人成长，就没有公司的成长。为了业务发展，麦当劳汉堡大学积极为公司培养后备人才。每年投入5000万元以上，给管理人员提供运营管理课程、商业领导力课程。

他们为第一副经理提供"餐厅领导力课程"，为连锁门店经理提供"商业领导力课程",为营运人才提供"营运相关课程",为业务人才提供"共创成果课程"。这些课程的讲师,都来自国内外专业教授讲课,同时还升级课程,做成游戏化课程,方便大家学习。

五、整合上下游各类资源

总部的强大,除了人才、信息、能力,还体现在资源整合方面。这不仅可以整合内部各个部门、各分子公司的资源,还可以整合上下游合作商资源。

强大的资源整合力,不是压榨产业链,不是压制加盟商,不是用霸王条款去拖欠款项,而是带动产业链所有利益相关者,共同走向未来。总部有领导力培训,可以邀请他们一起来学习。总部举办年会,也可以邀请他们来参加。总部有会刊,也可以定期给他们邮寄,让大家共同学习,共同进步。

北京物美就是通过多项资源整合,让产业链上所有公司共同成长的。比如,四大业务人员的调配,讲师和培训师互相调动、办公设备统一采购、商品联合采购等。其中采购这方面,因为总部联合采购,可以拿到更优惠的价格,可以拿到最新产品的购买权。如果分开采购,就没有额外的优势。

六、吸引全球人才

总部强大,不仅体现在人才强大,也体现在人才系统的强大。而强大的人才系统，是可以融合优秀人才，吸引优秀人才。

但社会上总会有一些声音，说不要"空降兵"，这样的人进来公司，水土不服，不仅没有好处，还会搞死企业。显然，这是一面之词。如果没有强大的人才培养系统，"空降兵"进来就是弊大于利。许多公司就是因为内部人才稍弱，才想到空降人才，试图引进一些先进的资源，带来一些先进的经验。然后空降兵进来，不管经验是否先进，企业也无福享用。

但是世界500强企业不仅在全球寻觅人才，还会不惜重金去挖掘人才，如中高层、CEO。有些CEO空降过来，不仅让企业焕发新生，还让利润倍增。

例如，玛丽·巴拉，她在2014年空降到通用汽车公司，担当CEO（首席执行官），并且是该公司首位女性首席执行官。在2016年当选通用汽车董事长。她的能力得以发挥，连续三年荣登《财富》杂志"美国最具影响力商界女性排行榜"榜首。2018年入选美国财经杂志《巴伦周刊》第十四届"全球最佳CEO"榜单。她还是清华大学经管学院顾问咨询委员会成员。

约翰·科斯特洛，2013年空降IBM，担任首席执行官。百年老店的IBM，难道就不会内部培养人才吗？事实并非如此，最高领导空降，就是为了让以前的卓越能力体现在公司现有的发展之上。

艾伦·穆拉利，2006年空降福特汽车公司，担任首席执行官，此前他在波音公司担当高管，福特汽车也是看中这些能力，让造飞机的经验来造汽车，获得"业绩飞跃"。

空降人才符合二八定律，500强企业空降人才，有80%可以发挥，20%的难以发挥。普通企业空降人才，仅有20%的可以发挥，80%无法发挥。所以，不要恐惧空降人才，也不要排斥空降人才。要根据企业发展，适当采用空降人才。

福建永辉超市，在北京开拓市场时，并没有套用福建的模式，而是选择空降兵。这个策略是对的，套用福建的模式，那才会水土不服。但有了北京的空降兵，他们熟悉当地市场，可以发挥能力，拓展当地市场。

西贝莜面村，内部有成熟的管理体系，也有强势的文化理念，形成了不惧空降兵、欢迎空降兵的企业文化。西贝内部有许多骨干，就是空降兵。如果企业排斥空降兵，总是防着他们，那空降兵很快就被老员工排挤走了。最后损失的不仅是利润，还会伤了人才的心。

七、走向资本、上市

连锁的精髓，在于不断开店。在没有特殊情况的环境下，开店到一定数量，利润就会暴增。这时就可以走向资本，寻求上市。

连锁的最终归宿，就是成为连锁集团，成功上市。如果无法上市，就是走向资本，让公司更加强大。如果完全不走资本，难以对抗现在的市场。连锁的业绩有限，股权有限，只有走向资本，才可以裂变，才可以增值，甚至可以在特殊情况下转型。

总之，一个强大的总部，需要七梁八柱才能稳步发展。

第2节
连锁运营的七个统一模式

要连锁，先门店。要股权，先经营。连锁经营模式目前看起来还是很有前途的，毕竟它有利于规范化经营和快速扩大规模。虽然我国连锁行业起步相对晚些，但正因如此，它的发展潜力才更大。

但是，要在这个行业有所作为，就要做好吃苦的准备，因为连锁企业大多属于服务型行业，工作强度可能会比较大，消耗时间会长一些。连锁都是从门店开始，一家一家做大。股权也是从经营开始的，经营得好，股权才能变现。经营不好，股权就是一些数字。

从一个门店到多个门店，然后成立管理总部，进行店面统一管理，这时才能叫连锁门店。在连锁之前，店面杂乱无章，风格不统一，不管开多少店，都不能叫连锁店，只能叫"多店模式"。比如兰州拉面，就不是连锁，它们没有统一管理，里面的服务千差万别。把所有店面风格统一，装修统一，运营模式统一，服务统一，定价相对统一，这才是连锁模式。

连锁模式的规模，并不是越大越好。门店的生态就像草原，强者并不是大型动物。许多大型动物，当年的草原霸主，比如狼，许多品种已经灭绝了。许多犀牛已经灭绝了。当年称霸世界的沃尔玛和家乐福，都是以超大型门店存在的，最近十年都在退市。而小的门店，比如蜜雪冰城，已经加盟近3万家门店。大家也乐意加盟，用总部的机器，用总部的原材料，每天大量的原材料，已经赚得盆满钵满。然后蜜雪冰城又开拓了第二品牌"幸运咖"，主打咖啡饮品。借着蜜雪冰城的气势，加上全国的加盟模式，再次攻城略地。

美国有一个连锁诊所，名叫一分钟诊所。这个独特的定位，一经推出，就开了上千家诊所，获得大量用户，现在已经上市了。一分钟诊所就是小店，主要开在沃尔玛这样的超市里，只需要不到10平方米的场地。开在超市里，人流量有保证。不需要昂贵的医疗设备，收费也比医院少一半。业务精简，从名字就能看到，这不是看大病的。主要看三类病，一种是感冒发烧，这样的普通疾病。第二种是轻微的外伤，擦伤碰伤这样的。第三种，非特殊皮肤病。这些病，不用去医院，不用挂号，去逛超市，顺便就把病治了。

诊所名叫一分钟诊所，其实也不是一分钟看完一个病人，是一刻钟看一个病人。每位患者在诊所逗留的时间，从进门到出门，在15分钟以内。更神奇的是，一分钟诊所，没有专业医生，都是实习医生，还有懂病理的专业人员。因为他们看的是普通疾病，不需要专业医生。哪怕是实习医生，也可以在15分钟内进行治疗。用三流的人才，就能创造一流的业绩。如果用一流的医生，让他在小店里看人的头痛脑热，那就是大材小用了。

一分钟诊所一经推出，在市场引起轰动，随后被美国第二大药房，以1.6亿美元收购了，间接成为上市公司。而且以收购方式上市，比自身上市的速度更快。

所以，连锁门店的规模并非越大越好，小店集群，照样成功。没有医生，照样上市。连锁模式，重在运营，有七个统一的运营模式，如图2-3所示。

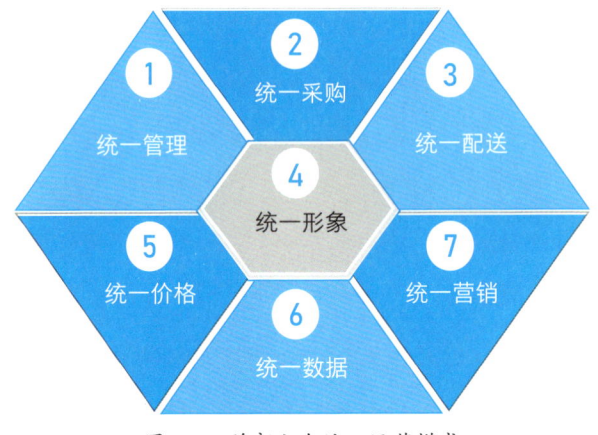

图2-3 总部七个统一运营模式

一、统一管理

连锁企业拥有一套完整的管理体系，包括标准化的操作流程、规范化的管理制度，以及先进的管理工具和方法。总部统一到各连锁店，总部直接办理各连锁店的经营业务，管理反而更轻松。分店获得总部全方位扶持，包括技术支持、培训支持、广告支持等，从而降低了经营难度和风险。

二、统一采购

总部根据每个连锁店的商品情况统一分配，从而保证货物的质量，降低采购成本。还可以进行期货保证，比如某一种产品，原料比较紧缺，市场价格浮动较大。在统一采购的基础上，通过双方合作，不受外界环境影响。

有一些产品，会突然被炒热，比如运动鞋，鞋价会涨成天价。那鞋的原料就会增加。集团通过统一采购，可以对抗这类风险。还有普洱茶、咖啡豆，都被炒作过。

三、统一配送

总部设立配送中心，负责连锁店的包装、装车、运输和仓储。对于所有经营商品，都有条形码记录信息。可以跟踪货源，可以了解产品的销售日期，过期日期。可以及时作出调配，比如临期产品，更换货架摆放位置，引人注意，并且贴一些黄标签，做一些促销。黄标签就是公认的促销方式。

四、统一形象

连锁经营的重要环节，包括硬件统一，店招、店名、店貌、货架，全部统一标准。内部运行的文件标准化，字体、颜色、格式做到标准化。运营做到标准化，采购、进货、库存、装配、促销标准化。产品标准化，包括原材料、半成品加工，制作工艺，包装样式标准化。还有员工的工作行为标准化，这需要定期培训。

形象的统一，看似简单，其实是最难的环节。因为涉及的细节太多，细节决定标准。细节越多，越不容易统一标准。既有人的行为，也有物的归位，还有货的流通，需要不断地培训和引导，让员工有统一的服务理念，让消费者有统一的感官认知，让市场部有统一的推广策略。

连锁的经营，就在于这七个方面的统一实施。在实施过程中，也要依赖第三方工具，第三方咨询，他们专门做标准化服务的落地实施。

五、统一价格

产品都有定价，并且有周详的降价策略，比如临期物品，店内可以自主降价，快速出货。还有每天下午五点半，有些1天保质期的食品，每隔半小时降一次价，直到销售完毕。

总部平衡货价，并且监督产品价格，这样有利于提高集团的公信力，提高满意度，同时还能防止窜货。比如同一个城市，各个家具城，家具的价格有高有低，这样就容易发生窜货。

六、统一数据

连锁的核心就在于数据的关联，数据的处理能力，直接决定着连锁集团的实力。近年来，各种连锁的装修风格，货架摆放，其实没有太多创新，但是结账区域有改变，人工结账台基本被自助结账台取代了。还有打称区，也有智能打称，你选好菜放在上面，它把重量称出来，并且自动识别出菜品与货品，把价格算出来，小票打出来。消费者只需要把小票贴在上面。

这些智能的背后，其实都是数据决定的。

七、统一营销

连锁店在不同的商品、不同的时期、每个季节的方方面面推广，进行宣传方式以及营销活动统一分享。比如，一辆新车上市，各个汽车门店讲解不同，这就会影响销量。

比如西贝莜面村，其门店为了保持标准化，选择的装修公司同一个施工队，这就能保证店面形象统一。门店的主色调是红色，那个招牌的材料，都是统一采购，保证店招颜色一致，亮灯时光线一致。这就是把细节做到了极致，而且他们为了这个店招，专门去探访了其他连锁公司，取得经验，用在自己店面。

统一的前提是标准，标准的前提是细节，细节的前提是极致艺术，艺术的前提是永不满足的心。

第3节
连锁总部强大的八大支柱

一家集团如同一座大厦，之所以会强大，七梁八柱，缺一不可。八柱就是业务支柱、财务支柱、人才支柱等，这一节揭示总部强大的八个关键，简称"八柱"。

门店关门，总部没有解决方案，其他门店的生意一落千丈，不到半年，整个连锁品牌消失。这就是总部不强导致的。其实，全国门店每天会发生许多事，这只是一种危机公关，这一"关"过不了，集团就会遭殃。同时还有其他的事，比如会员卡充值无法兑现、美容产品被查是无证劣品等，只要没有强大的总部，都会影响全部。

在经营方面，服务问题，反而比股权问题还要大。股权在总部影响较大，分店反而影响很小。总部会因为股权激励变得强大，分店会因为分钱激励变得强大。早在2000年以前，许多连锁巨头进驻中国市场，都是先设立办事处，再成立中国分公司，然后开出一家店，然后第二家，第三家，最后把店面开遍中国。

这个原理是通用的，非连锁公司也是这样操作的，微软、惠普、宝马、奔驰，都是一样的原理。先从办事处开始，然后成立中国分公司，再进一步成立中外合资企业。有了这些步骤，就在中国站稳，然后开始业务运作。麦当劳和肯德基门店遍布全球，各店与总部之间远隔千万里，但运营流程能保持一致。因为有强大的总部。

我们运作连锁行业，不管是本市还是本省，不管是国内还是国外，要做一番事业，就要先成立区域总部，这个布局决定着整个市场的成败。如果是通过加盟商扩张，也要成立本地办事处，直接服务当地的加盟商。但并不是一个城市建一个办事处，蜜雪冰城是建立几个大区，一个大区服务几个省。总之，做连锁事业就要做好服务，不能只开分店而不强化服务。

没有总部统一调配，统一运营，统一品牌，统一股权分配，店开得越多，倒闭得越快。许多明星做连锁，仗着自己有一点流量，疯狂招募加盟商，谋着别人的加盟费，但没有对应的服务和品质。加盟商出问题，都找不到负责人，最后整个品牌开了一年，轰然倒塌。

离开服务做事业，那就是人间笑话。离开服务把事业做大，那也只是行业的灾难。连锁事业核心规律，先有总部，再有分部。门店做强，再做裂变。总部就像蜂巢里的蜂王，蚁群中的蚁后，只要有它在，整个蜂巢或蚁群就会生生不息。

连锁总部强大，有八大支柱，如图2-4所示。

第二章 连锁总部顶层设计

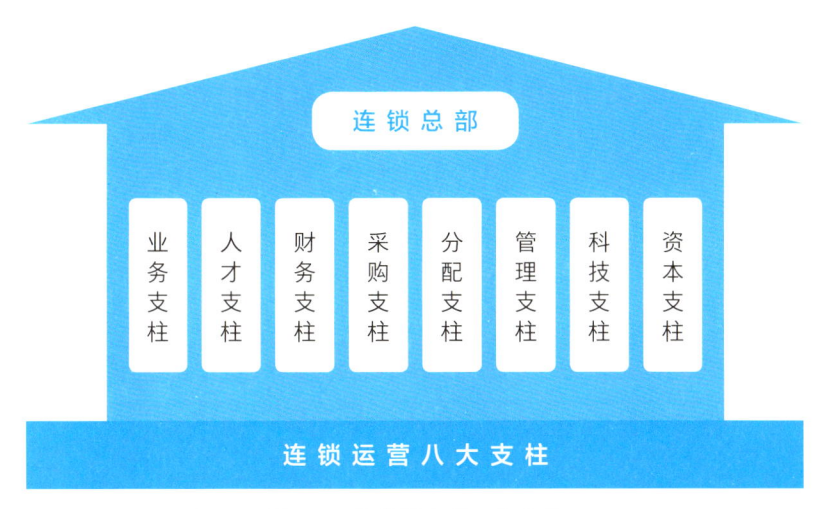

图2-4 总部强大的八大支柱

一、业务支柱

有了总部,才能对各个连锁门店进行统一。总部出标准,连锁来落地。总部升级标准,连锁跟着升级标准。

例如麦当劳的业务流程,在2015年以前,是先点单,再付款,然后坐等送餐。2015年以后,先点单,再付款,然后等着叫号。一个餐一个号,当轮到自己的号时,就去柜台取餐。这是一个减法的优化,省去送餐环节,省去了人工时间,提高了服务效率。

海底捞是做业务加法,尽可能增加服务,让客户满意。从什么时候开始服务呢?从等餐就开始,坐在休息区,已经开始服务了。上一些小吃,还可以提供擦皮鞋、涂指甲服务。上餐过程中,同样在增加服务,比如点了一份手工面,海底捞就开始表演甩面,这就是服务。

服务的事情，根本就是业务，业务决定着服务。服务不是越多越好，必须在品质之上展开服务。做不到海底捞的业务流程，就不要盲目增加服务。

二、人才支柱

总部有统一的培训，让服务人员的动作整齐划一，品质如一。品质的根本是培训，培训的根本是人才，人才的核心是店长。

所以，连锁公司拼的就是店长，而店长的成长至关重要。凡是优秀的连锁，必定有优秀的培训体系。麦当劳有汉堡大学，肯德基有肯德基商学院，星巴克有咖啡学院，真功夫餐饮有米饭大学，西贝莜面村有西贝大学。

所有自建的大学或学院，只为培养内部人才而设定。随着学院发展，也会培养行业人才，为社会和行业做贡献。

三、财务支柱

财务的核心是现金流，总部和连锁分部之间，有一套完善的记账方式。账目记不好，连锁做不好。账目出问题，集团出问题。

所以，要财务运作好，不仅是做好三张表，还有连锁门店的并表，单店的营业额有限，但并表是一个海量的数字。

四、采购支柱

采购的根本是订制，订制的根本是战略合作。

单店的采购，比较有限，议价范围较小。连锁的采购是集约采购，权益很大。这不仅可以降低采购成本，还可以享受优先供货，优先采购新产品，甚至还可以与厂家做个性化定制。有强大的总部，可以根据自己的需求，向上游供应商订制产品。

例如麦当劳做的汉堡包，每个汉堡包里有一片生菜叶子，这种生菜是圆形的，是新型品种。当时麦当劳提出需求，就寻找供应商。后来有一家企业，青岛凯盛浩丰农业有限公司接下了这个业务。当初这个公司是个不起眼的小农场，并没有先进的技术，而是董事长马铁民有心，他愿意为麦当劳服务，专门升级种植方式，力求种出合适的生菜。麦当劳也请了全球顶尖农业专家，协助他们种植，最后种出合适的生菜。而这家供应商，也成为亚洲第一的生菜基地，同时也是生菜出口第一的公司。

肯德基也一样，肯德基的母公司是百胜集团，它生产的薯条，需要又大又圆的土豆。而且不能是水地生产的土豆，要沙漠种植的土豆。所以百胜集团也帮助土豆供应商种植，并且提供种植技术，实现双赢。

小的商业是互相防御，大的商业是互相帮助。不扶持上游产业，自己的产品也无法进步。自己的产品不进步，就没有竞争力。

五、分配支柱

总部因为股权激励变得强大，分店因为分钱激励变得强大。

股权分配可以让总部强大，总部强大也需要有股权分配。更重要的是，只有总部的股权才值钱，分店股权不值钱。总部的股权可以融资，可以招商，可以并购。分部的股权无法融资，难以招商，做不到并购。

连锁总部就是一个集团公司，有完善的组织，股权架构，有董事会。股权架构并不是一个公司，几个人分股。而是三层或三层以上的股权架构来持股，这种持股方案，本书后面会详细展开讲解。

集团会对直营店全资控股，可以省去工商、税务、市场监督管理的事。如果要激励直营店，可以有多种手段，不用股份分配。直营店哪怕持有1%，在运营管理、股权变革都变得有些麻烦。如果是集团并购的门店，门店就会持有一定比例的股份。

直营店内部可以分钱，分钱不是直接拿利润来分，是有一系列分钱机制。奖金、分红、14薪，这都是常见的分钱方式。还有各种奖励，十大优秀员工、十大理货高手、十大服务之星等，设置这些奖，不是发一个奖杯，而是要有奖金。单纯的奖杯、奖章、锦旗，对于连锁公司是没有激励性的。所以，评奖就要配上奖金，奖金不能低于200元。200元配不上"年度之奖"。

门店只要把分钱做好，有一年为限的长期激励，有一周为限的短期激励，还有不设期限的晋升激励，这就可以让大家提高积极性，加快成长，为本店创造业绩。同时，一家门店激励得好，这个"好处"会不胫而走，让周围更多的人知道。那门店招聘也容易了，门店福利好、待遇好、分钱机会多，会有许多内部转介绍，也会有许多主动寻求工作的。

同样，福利差、待遇少、没机会分钱，一年四季在招聘，工作一两个月人就走了。这样的门店最容易被市场淘汰。

六、管理支柱

不管是连锁企业，还是总公司与分公司，管理都是一件大事，而且是时刻进行的事。公司做大了，会有三方面的管理：人治、法治、机治。

人治就是依据组织架构的关系，一层管理一层，一级管理一级。总经理下达命令，几位副总将任务分配给对口的总监，总监和经理再继续落实到员工，员工就要把事情做好。做的过程中，遇上问题，还会一级一级向上报告。单纯的人治，治不了企业的，而且无法跟随社会发展。

法治，就是按照公司的制度来执行，遇到事情先想到制度，也不需要上级领导来管理。比如员工迟到，按照迟到规则乐捐，经理也无需动怒批评。你说他两句，他一上午没精神、没状态、没效率。如果遇上新生代员工，你敢批评，他就敢转身走人。同样，有例会，大家准时参加，并且按会议规则来发言。

机治，就是工具协助管理，这是与时代同步的治理方式，而且机治在公司的影响力，已经大过人治了。既然公司定好各种制度，那许多上传下达的会议都不用开了，汇报也省了。大家可以在电脑端、手机端看到相关消息，提高效率。

最简单的机制，就是微信群，一个小群就可以省去许多管理，而且活跃气氛。如果用企业微信，效果就会更好，信息不会流失。最大的机制，就是ERP，中文是企业资源规划。ERP是企业发展到一定程度，必须做的事情。世界500强，几乎都有ERP相关的软件。

现在许多公司，已经开始战斗减员，减的不是基层员工，而是34岁以上的管理者，因为有了完善的机制，根本不用这些管理人才。而且他们的年薪少则20万元，多则500万元，减少一位管理者，可以为公司省去一大笔费用，而整个公司并不会因此受到影响。

七、科技支柱

现在的连锁门店，会受到同行同业的竞争，会受到线上商城的竞争，同时还要受到新型智能化和数字化的挑战。线下门店两班倒，三班倒，24小时开店都没用。但是网上商城却在24小时不间断直播，生存方式已经和过去不一样，如何应对这些挑战？

不是招人，而是升级"人"。用科技的力量，上线数字人直播，用虚拟人物来值守，这才可以虎口夺食。因为现在手机用户十多亿，短视频用户十多亿，随时都有人看直播，随时都会下单。他看到你的网店不直播，就转到其他网店下单了，这就被别人抢单了。自媒体称其为"偷塔"。

八、资本支柱

资本是集团总部要做的，通过引入资本，可以升级连锁系统，可以扩张门店，可以让股权增值，可以上市。资本可以让集团把握时代风口，各种特殊局势，保持不败。

引入资本，并不是缺钱，而是为了变得强大。如果连锁集团本来很缺钱，那就更难融资了，更谈不上资本运作了。

总之，总部强大的奥秘，就是一个核心，八根支柱。要做长久事业，核心就不能改变，支柱不能倾斜。核心就是，先有总部，再有分部。门店做强，再做裂变。总部强，则连锁强。总部弱，则连锁弱。

第4节
连锁门店选址的九大要点

对于门店或连锁门店，品牌店或旗舰店，直营店或加盟店，位置是否合适决定了生意的成败。沃尔玛当初进军中国市场，靠的就是三个策略：位置、位置、位置。现在沃尔玛不断在关店，是不是因为位置出了问题？

并不是位置，而是受到线上的冲击，尤其是受到直播带货的冲击。当人们习惯于网购，习惯在看直播的过程中下单，线下的门店就会受到影响。不仅是沃尔玛，几乎所有的大型商城，都被电商影响。但是线下门店并不会被取代，因为线下服务无法被取代。比如美容院、餐饮、电玩、电动摩托车等。

美容院是一多半的线下服务，有些优惠券属于线上订购。餐饮是一半的线下服务，另一半是外卖。外卖虽然是地面服务，但业务是算在线上平台的。电动车是一多半的线下服务，因为购买前要试车，线下还有配套的维修服务。总之，各行各业的连锁店，都会受到线上的冲击。那线下门店的选址就变得更加重要了。

但是许多老板对于选址非常草率，他们宁可花三天时间去谈价格，也不愿意花三天时间调研周边的客流量，更不会花一小时去计算投资回报率。以前的商业逻辑，会买的永远不如会卖的。电商时代，会卖的赔钱更多，因为他们思想活跃，行动快捷，正好把钱赔进去。

那么，门店位置如何选？有三大角度，九个要点（每个角度有三个要点，三个角度有九个要点）。三个角度分别为：三种地段、三种人群、三种利润。

连锁门店选址策略，如图2-5所示。

```
连锁门店选址
├─ 三种地段
│   ├─ 一是商圈地段
│   ├─ 二是综合生活区
│   └─ 三是城市枢纽区
├─ 三种人群
│   ├─ 一是看周边建筑
│   ├─ 二是看周边品牌
│   └─ 三是看出行装扮
└─ 三种利润
    ├─ 一是算同行同业的竞争对手
    ├─ 二是测算客流量
    └─ 三是计算经济价值
```

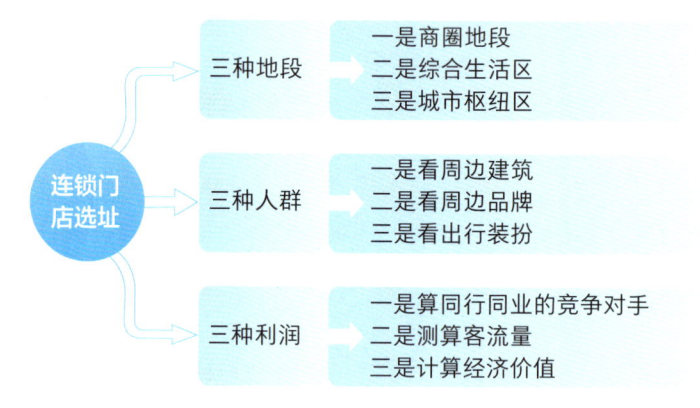

图2-5 连锁门店选址策略

一、三种地段

三种地段，一是商圈地段，二是综合生活区，三是城市枢纽区。

第一个要点，商圈地段。

商圈的意思是，以门店为中心，所能辐射客户的范围。

一般来说，能影响的范围有三个层次。核心级，半径500米的圈子，这个圈子，人们会常来常往。次核心层，500米以上，1000米以内的圈子，这个圈子要顺路才会过来。1000米以上是边缘级，这个圈内的人，只有不可选择，才会专程过来。

为什么一条街只有一家饭店，往往很难做成，就是因为商圈的影响力不够。而且商圈的影响力，往往低于人们的想象。所以，不要单纯认为，有些地方人挤人就是好商圈。群众是喜欢往热闹的地方凑，但是人挤在一起，有可能是路窄，有可能前方有施工，把人流量给屯集在一起了。

好的商圈，不仅有密集的人群，还有丰富的货源。不仅可以吸引周边的人，还能吸引全世界的人。比如广州白马服装场，是服装商圈；深圳的水贝，是珠宝商圈；深圳大芬油画村，是油画商圈；北京潘家园，是古玩商圈。这些商圈，世界各地的人都会前来。

第二个要点，综合生活区。

城市中，每个区至少有一个中心城，这里有丰富的生活资源，不仅有吃、喝、玩、乐，还有电影、表演、品牌活动。

在综合生活区选址，避免不了竞争。在这样的区域，经常会遇到，麦当劳和肯德基，一个在楼下，一个在楼上。奶茶店，三家连在一起，一家喜茶、一家奈雪、一家蜜雪冰城。饭店，有三家面馆挨在一起，这都非常正常。因为商家经常会换，换来换去，就变成同品三连座。

服装店更加密集，可以20家服装店连在一起。再加上水果店、手机店、婚纱摄影店、电影院，组成五花八门的门店，让人们可以连续逛街，一逛一小时。再看一场电影，吃一顿饭，基本上就过了大半天。

这样的地址，价格比较高，选到好的位置未必有利润。所以，后面会从利润角度来选址。

第三个要点，城市枢纽区。

城市枢纽，就是飞机场、高铁站、地铁站等。城市里，基本上每个地铁站，都是一个枢纽，每个地铁点上面，都有商城与商圈。这是因为地铁带动的效果，同时地铁停靠的站点，也会刻意选择商圈。这两者本就是商业互助，是相互成就的关系。这样飞机的航站楼、高铁的候车室，就成为连锁门店的优选位置。

但是高铁站、飞机场的门店租金太高，物价偏高，变成了一次性消费商圈。比如一碗面标价78元，筷子2元，没有微笑服务，你爱来不来。把运营费用转嫁在客人身上，这不是经商之道。以前人们被宰一次，忍一忍就过去了，顶多争论两句。现在被宰，可能拍下视频，录下对话，然后在网上曝光。只要这些视频发到短视频与头条上，上了热点，第二天记者就会来，工商与市场监督管理局也会来，让门店停业整顿。只要停业，等同于关店了。

你是诚信卖家，但你旁边的门店坑人，你的门店一样会受影响。因为被一家店宰，给人的印象是，这一片就是宰人的区域。

另外，全国各地的火车站、汽车站，慢慢会退出枢纽中心。每年都会有一批普通火车停运，因为路线被高铁取代，人们优先选择高铁，所以普通火车就会停运。而客运汽车，是受到私家车还有"拼车服务"取代，所以每年也有停运。

三种地段，可以为连锁行业提供地址，但不能只靠这一个角度，还要第二个角度，消费人群。

二、三种人群

消费人群有三种，一是看周边建筑，二是看周边品牌，三是看出行装扮。

第一个要点，周边建筑。

选择就是看周边建筑，包括住宅区、办公楼、街道、公园、生活设施等。这些要素都会影响着门店的运营。

如果有一条8车道的大街，道路两旁的门店，生意会不会好？基本是不好的，因为开车的根本无法停车，步行与骑车的都是路过，闲逛的也不会停留在这样的直行车道旁，那这样的门店就算不上好位置。

比如办公大楼居多的地方，楼宇的一楼门店，生意会不会好？办公群楼林立，要看这些楼是什么样的公司。像深圳前海那个区域，群楼都是集团公司，内部都有食堂，那楼下饭店的生意未必会好，奶茶店也未必会好，因为这样的公司，内部福利非常好，各种饮品，一应俱全。

如果是深圳华强北这样的群楼，那快餐和零食就比较受欢迎。在这样寸土寸金的地段，便利店也会销售熟食。柜台上有一个多层的蒸笼，里面有包子、玉米、馒头、火腿肠。旁边还有一个插着竹签，类似麻辣烫的关东煮。人们也会来这些地方买，因为不用排队，可以边走边吃，边工作边吃。这是因为工作特性决定的。但只要找对一个服务点，就能保障门店的生存和盈利。

第二个要点，周边品牌。

这可以说是最简单的选址方式，因为物以类聚，人以群分。什么品牌吸引什么人群，什么人群会有什么品牌。

比如北京华宝国际、东方新天地、三里屯，上海的南京路、陆家嘴、徐家汇，深圳的万象城，这是以奢侈品为主的区域。

至于麦当劳、肯德基、星巴克，这些品牌会出现在各种品牌集散地，只要人气旺，它们就会进驻。而且同一个物品，价格会更高一些。

要从这些品牌来推理周边的消费群体，然后选择要不要入驻开店。如果一个三线品牌，非要挤在一线品牌集散地，妄图蹭流量、借势，那很可能会沦为陪衬。而且这些商圈的招商经理，都会用有色眼镜来看你，因为品牌不匹配。

第三个要点，看出行装扮。

看人们的穿着打扮，行走速度，出行工具，以此判断适合什么样的门店。行走速度偏快，那配套就是快餐。行走速度普遍偏慢，适合小吃。豪车居多，可以把门店开在五星级酒店里，服务高端人群。婴儿车居多，那菜市场最受欢迎。

从人的角度选择位置，依然不够，需要从利润角度来计算。毕竟开门店做生意，要的是赚钱，只能对口的门店才能赚钱。

三、三种利润

利润有三种计算方式。

一是算同行同业的竞争对手，二是测算客流量，三是计算经济价值。

如果从人的角度来分析，太过于普通，不用多说都清楚。那么从利润角度这就比较难，这不是用数字公式来算，这里面包含着经济学和社会科学的知识。

第一个要点，算竞争对手的利润。

假如我们是做汽车连锁的，首先就是调研直接竞争对手的情况。我们的汽车如果是10万~20万元之间，那就去调查这样的汽车连锁店的数据，然后推测利润。如果有非常了解行业信息的人，可以一步到位测算利润就更好了。如果我们的汽车是100万元以上的豪车，那也要找对应的豪车，这样计算才有意义。而且，同种档次的汽车汇集在一起，会形成势能，也会形成商圈。

如果开水果店，你就可以调查独立的水果店，还要考察超市里的水果摊位，对方都是竞争对手。如果开美容店，店里有一个美甲服务，那就要看周边有没有海底捞门店，因为它也有这项服务，而且是免费的。

如果是做海鲜的，就要看周边有没有盒马鲜生的门店，在它的门店能购买海鲜，现场还能制作。这样的情况，都是竞争对手，要找准竞争对手，再去调研利润。如果无利可图，那最好不要在这样的片区开门店。

第二个要点，测算客流量。

测算客流量，要从时间来判断。有的市场专门做早市，有的市场下午才开张，有的市场在深夜才热闹。所以，不要以为去一家面食店排队要等20分钟，就以为它的生意很火。其实一天只有中午12点或下午6点会排队，其他时间段并不火爆。这两个小时可以卖出100碗，其他时间段累积也只有50碗，一碗面按15元计算，一天就是2250元，一个月就是67500元，抛开租金，人工，一个月的利润有3万元。这就比上班要好一些，但是利润主要来源两个吃饭时间，这时就要考虑，减少一位专职人员，增加一位兼职人员，每天在中午和下午，来店里帮忙一个小时。

这就是客流量测算利润，一定要把经营细节考虑进来，这样的利润才实用。

第三个要点，计算经济价值。

经济价值，就是战略性选择门店。前些年，有些品牌在全国繁华地段开店，考虑的并不是单店效应，而是品牌效应。当人们看到全国各种商圈都有这样的店，会认为这是大品牌，进而选择购买。这就是当初品牌连锁店的经济价值。

当时的门店流传一句话：一铺传三代，一铺养三代。因为当时的门店确实好赚钱，转让费往往也是天价。所以好多人把钱投资到门店中，见到门店就赶紧盘下来。

随着电商兴起，连锁门店的大环境已经改变，大卖场的门店，越来越难赚钱。但是酒店连锁不受影响，经济价值越来越高。

若要做连锁生意，位置的选择直接决定生意的成败。要花心思，花时间去调研分析，从三个角度综合考虑，把九个要点综合判断。最后还有三个锦囊妙计，是"三千万"的教训。

千万不要寻找什么"蓝海门店"，许多商圈一家同行也没有，你去开店，未必就能盈利。千万不要贪图便宜，盲目出手。有些门店位置确实好，但建筑陈旧，改装困难，进到店里有一种说不清楚的感觉，反正就是不舒服。千万要相信，万事万物盈利有周期，人气有规律。时间一到，盈利停止。

第5节
连锁持续发展的十大规划

要掌握连锁行业的大趋势，就要对连锁经历进行大盘点。知道过去，才能掌握未来；知道对手实力，才能制定精准战略。

连锁经营模式，最早可以追溯到19世纪中叶，1859年，美国大西洋和太平洋茶叶公司，在纽约市开设了两间茶叶店，目的是集中购买、减少中间环节、分散销售，这是有据可查的、最早的直营连锁组织。这种经营模式非常成功，到1865年，该组织的连锁分店发展到25家。1880年，连锁分店达到100家。

最早出现的特许连锁，是美国的胜家缝纫机公司。1855年，该公司为新产品推广，首次尝试以特许经营的方式建立分销网络。但是特许经营模式大爆发，是在20世纪初，可口可乐公司、福特汽车采用这种模式，把产品推广到全球市场。人们开始认识特许经营，特许经营成为发展最快的连锁形式，许多行业，如珠宝、家具、药品、服装，开始使用特许经营模式。

到了20世纪70年代，特许经营模式进入中国，最早一批公司就是我们熟知的麦当劳和肯德基。

肯德基是在1987年进入中国内地市场的，第一家店开在北京前门。现在，肯德基已成为中国最大、发展最快的快餐企业之一。

麦当劳是在1990年10月正式进入中国内地市场的，第一家店是在深圳市罗湖区，现在这家店名为麦当劳深圳光华店。

星巴克是在1999年1月进入中国内地市场的，第一家门店是在北京国贸一期开的。

这三家餐饮类的门店，至今发展良好，还在稳步开店。而大型超市就没这么幸运。

世界第一的沃尔玛是在1996年进入中国，然后开始疯狂扩张。但从2016年至2020年，关闭了80多家门店。2020年关了11家店，2021年关闭了31家，2022年关闭了21家门店，其中有一家，是沃尔玛在中国开设的第一家店，深圳洪湖店。沃尔玛的关店不会停止，因为电商越来越强，物流越来越方便了，人们也越来越习惯从网上购买。

网上购物，并不是足不出户才去网购。而是人在外面，依然在网购，把产品邮寄到家，继续保持着轻装出行。所以，连锁的战略尤为重要，必须从起源到经过全部研究清楚。

虽然连锁经营的模式起源于国外，但是模式进入中国，发展迅速。如今，连锁经营在中国已经渗透到零售、餐饮、服务等多个领域，并成为中国经济发展的重要推动力之一。

不论是有形模式还是无形模式，只要在我国扎根，就可以快速发展，并且超过其他国家。这是我们得天独厚的优势，而且我们人才多，市场需求量大。现在各行各业都是线上线下两手抓，直播带货、线下门店双管齐下。

所以，要让公司持续经营，持续增长，获得融资，就要制定有效的战略，有十个关键要素，如图2-6所示。

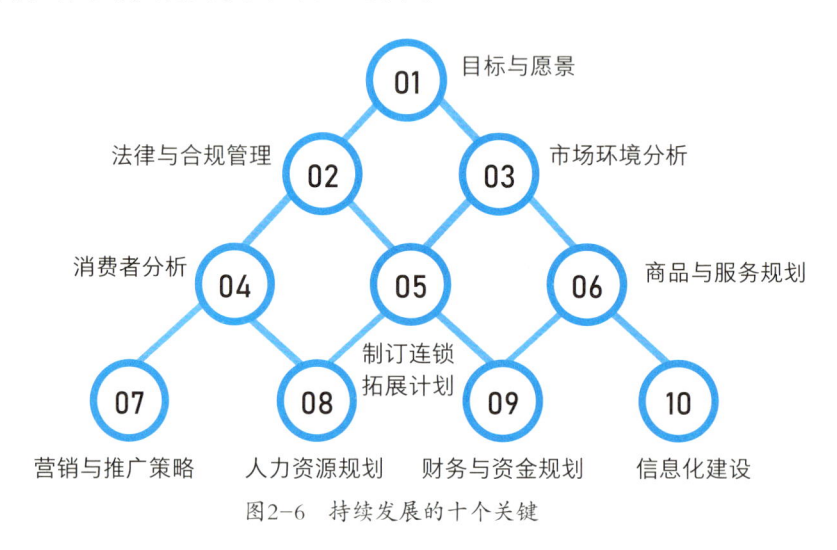

图2-6　持续发展的十个关键

一、目标与愿景

制定长远的发展规划，通过拓展新市场、开发新业务、应用新科技，实现企业的持续增长和发展。未来市场会受到人工智能的影响和冲击，因此，公司必须跟随变化，甚至引领变化。

二、法律与合规管理

在连锁经营过程中，要遵守法律法规和行业规范，保障企业稳健发展。

在扩张过程中，也要遵循相关法律法规，防范潜在的法律风险。

三、市场环境分析

在制定连锁经营战略之时，首先要对市场和行业进行深入调研和分析。了解目标市场的规模、增长趋势、竞争格局、消费者需求和行为等方面的信息。

同时要分析竞争对手的战略布局、经营模式、产品线等，找出差异化和创新点。还要用大数据做分析，了解潜在对手的战略布局。其实连锁的对手，永远不是街对面门店。真正的对手是互联网巨头，他们的业务模式只要稍微转身，就能影响到线下门店。

四、消费者分析

要明白购买者、使用者、消费者的区别，针对不同的用户，制定不同的消费策略。因为买者不一定是使用者。比如大型超市中，儿童区的产品，使用者是儿童，但购买者是父母。

还是水果蔬菜区，这是父母或老人经常逛的区域。他们既是使用者，也是购买者。对于不同区域的服务，推广的策略就不一样，货架摆放的方式也不一样。

五、制订连锁拓展计划

确定连锁拓展的模式和策略，如直营模式、加盟模式、特许模式。制定门店选址标准，确保门店布局合理且有利于品牌发展。设计统一的店面形象和装修风格，提升品牌识别度。制定门店运营标准和管理制度，确保各门店的顺利运营和统一管理。

六、商品与服务规划

服务要标准化、个性化、多样化。这"三化"并不矛盾，首先建立标准化，这是一切规划的开始。在标准化的基础上，进行个性化的创意。标准化结合个性化，线下结合线上，这就是多样化。

商品与服务的三化，如图2-7所示。

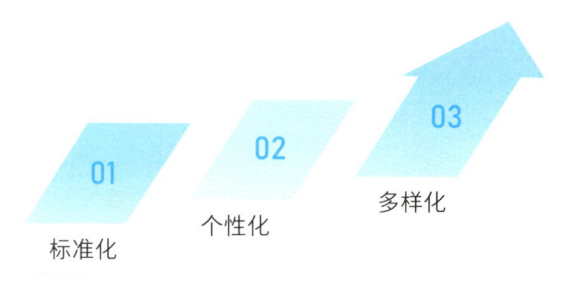

图2-7 商品与服务的三个规划

比如超市的货架、水果店、餐饮店，就会保证每季度翻新一次。不是全部装修，是把店里的摆设做一些调换，让人进门就有新鲜感。其实只要更换了位置，就有新鲜感。

同样原理，我们手机里的APP，也在经常更新。里面的界面也在不断变化，这都是向好的一面来变。

七、营销与推广策略

在竞争激烈的市场中，明确品牌定位，明确差异化，确定连锁企业的独特卖点，并且在所有连锁店中保持一致性，以加强品牌认知度和影响力。利用多种营销手段，线下宣传、线上引流同步进行。维护好老客户，也要吸引新客户。争取新会员，服务好老会员。

八、人力资源规划

在连锁经营中，人力资源的培训和管理对于保持服务质量和提升员工绩效至关重要。

制定人力资源规划，确保公司拥有足够且合适的人才支持连锁拓展。建立完善的培训体系，定期对员工进行技能和服务态度培训，增强员工的专业素质和服务意识。完善晋升机制，提升员工的专业素质和工作积极性。同时，建立有效的激励机制和绩效考核体系，激发员工的积极性和创造力。

九、财务与资金规划

连锁企业需要建立完善的财务管理体系，确保资金的合理分配和有效使用。制订详细的财务预算和计划，监控和分析实际财务状况与预算的差异，及时调整策略以优化资金运用。此外，要确保足够的现金流以支持企业的日常运营和扩张计划。

十、信息化建设

随着科技的发展，信息化和数字化对于提高连锁企业经营效率和管理水平的作用日益凸显。引入先进的信息管理系统和数据分析工具，实现业务流程自动化和数据驱动的决策支持。通过收集和分析顾客数据，更好地理解顾客需求和行为，为精准营销和优化服务提供支持。

规划永无止境，在激烈的竞争市场环境中，不断进行产品创新，服务创新。定期对连锁经营战略进行评估，及时发现问题，及时调整方向，要保持敏感度，以变化应对变化。

第6节

案例：餐饮连锁股权实操

以一个连锁餐饮公司为案例，从咨询的角度解析，剖析餐饮公司的股权实操。

民以食为天，食以街为天。有街道的地方，必有餐饮。2015年以前，以吃为主。2015年以后，吃喝各占一半。这时，各种奶茶小店突然蹿红，各种奶茶连锁开遍大街小巷。所以，吃喝各占半边天。以前见到老朋友会问："吃了吗？"现在见到老朋友，会说："喝一杯。"吃是因为身体需要，喝是因为休闲需要。吃是物质基础，喝是社交基础。

  吃的产业非常大，但竞争也非常激烈。要想在竞争下生存，战略需要三个要素：装修标准化、口味标准化、股权分配化。简单三化战略，重点在于股权分配化，如图2-8所示。

图2-8 战略需要的三个要素

一、餐饮连锁三化战略

1. 装修标准化

  餐饮业要想做大，装修必须标准化。花哨的装修做不大，花园式餐饮做不大，石头雕塑主题的做不大。因为奇怪风格的装修难以复制，只能做成特色单店。单店有特色，能成为网红打卡点，甚至成为地标旗舰。但是旗舰店总像一阵风，火爆一段时间，就会冷清下来。因为忠诚的客户是少数，要做到规模，还需要标准化、复制化、连锁化。

把店面开向全国，这才能做大做强。而做大做强的前提，装修必须标准化。

2. 口味标准化

装修是硬件，硬件可以标准化。口味是软件，软件难以标准化。尤其是东方菜肴，非常依赖主厨的水平，口味非常难以量化。但是餐饮行业要做大做强，必须迎难而上，把食材、调料进行量化。把油温、火候也量化。这样做出的菜，就无限接近标准化了。

虽然说标准化的菜品失去了"灵魂的味道"，但可以获得复制，保持口味的水准。兰州拉面、沙县小吃、黄焖鸡米饭，这些店都没什么特色，装修非常一般，但是开遍全国各地。因为这些餐饮店口味一样，容易复制。

标准化的口味不一定最好，但最大的餐饮一定是标准化口味。

3. 股份分配化

许多运动服门店、化妆品门店是不分股权的，就是工资加提成。老板看好行业，选好地段，统一装修，统一摆货，委派店长，运作店面，一气呵成。老板本人不做日常经营，偶尔来店面视察。

餐饮业的门店就不同，是要股份分配的，而且老板不能脱离管理，不能完全放手。餐饮行业，老板每天都是战战兢兢，如履薄冰。一道菜没做好，客人下次不来了。一道菜里吃出钢丝，整桌免单。一道菜让客户吃得拉肚子，还要补偿。餐饮店只要有一点小事，被拍成视频传到网上，上了热搜，门店就要关门了。起码会关门整顿。所以，餐饮店不能放手，每个店里要有和老板一样有责任心的人，才能保证菜品的安全。厅前厅后有股份，才能保证菜品质量和服务质量。

二、餐饮行业的股权分配

发工资是认可一个人能力，发奖金是让阶段性爆发，只有股份可以让人有责任心。这就是餐饮行业与其他行业的不同之处，没有股份，就很难有责任心。没有责任心，餐饮就无法立足。

有一家餐饮公司，是两个人联手开的。我们用化名来解读，一位叫张三，一位叫李四，两人都是资深的美食者。有一天两人商量，干脆做一家自己的餐饮公司。说干就干，两人合伙开了一家餐厅，注册资金400万元，两人各投200万元，股权各占50%。

从股权结构就能看出，两人懂餐饮，但不懂股权。

果然，开业第一年，不赔不赚，但是两人干得特别累，好像一年干了三年的活，掏空了十年的精力。于是，李四准备淡出管理，由张三全权接手。因为张三拥有管理权，全权负责，快速决策，年底算账，还赚了200万元。那怎么分配呢？

赚的钱，不能全部分，需要留100万元来运营。然后拿100万元来分配，张三和李四各分50万元。相对第一年，这钱赚得来之不易。但是李四拿到钱，感觉特别愧疚。他深知餐饮行业是劳心又费力的行业，一天都不能懈怠。第一年自己出钱又出力，打了平手，没有赚钱。第二年自己没出力，全是张三在操劳，自己却还分到50万元，而且是平分的利润。

两人又坐在一起谈话，找回初心。李四执意要重新分配，自己不该拿50万元。张三执意要李四拿下，无须多想。从这次分配，李四看到张三的辛苦和操劳，张三看到了李四的洒脱和隐忍。于是，两人重新规划，找一位店长负责店面管理，张三负责集团运营，李四负责品牌宣传，着力把一店打造成标杆，然后复制出二店、三店。并且承诺，店长与副店长均有股份分配。

店长的股权如何分配？

用一年时间完成管理交接，给两位副店长，各分配5%的股份，这是送给他们的股份。另外给两人一次购买股份的机会，可以花钱购买5%的股权，作价50万元。这就相当于花了50万元，获得10%的餐饮原始股，享受10%的分红。这样干好，一年收入可以破百万元。如果不花钱买股，一年依然会获得5%的股权，大约有50万元的收入。

这就是股权的上上策，花钱买股份。上策是半买半送股份，中上策是买一赠二。直接白送股份，都是下策，下策分配不可取。让员工花钱购买股份，员工会珍惜。公司出让股份，敢于作价，这也是对发展有信心。如果员工对公司没信心，白送的股份都不会要。老板对发展没信心，股份都不敢收钱，心里根本没底。

张三和李四的单店股份，就用原始股来分配，简单明了，容易核算。之后开了第二家店、第三家店，就注册了控股公司，张三和李四持有控股公司的股份，然后直接控股旗下的每一家餐饮店。每家餐饮门店，都把店长、前厅经理、大厨、财务纳入股份合伙人。整个公司股权结构做成了二级架构。当门店的店长和前厅经理都持有股份，同行的人也纷纷跳槽过来，加速了开店的进程。

这一节，用案例说明了连锁行业运营和股权不可分割的一面。同时，这一节也是连锁行业运营和股权之间重要的衔接。

三、股权和运营的核心要点

最后，对整个连锁运营部分做一次总结。把股权和运营的核心要点梳理出来。

第一点，股权要随着企业发展来调配，不是一出手就构建三级以上的股权架构。

好多小门店，老板和店员一共才5个人。但不知从哪里学了一套股权操作，照猫画虎，做了股权结构。最后人都凑不齐，根本填不满复杂的股权结构。阿里巴巴和腾讯集团是有非常复杂的组织架构，但它们是用了20年时间不断融资，不断分配、不断变更，才有了立体的股权结构。连锁行业也要随着规模扩大，不断分配股权，不断变更股份，不断变化股权结构。

第二点，永远没有完美的股权结构，只有适合当下人才的结构。

如果没有人才，就不要在股权结构上折腾。人才是事业历练出来的，不是股权折腾出来的。

第三点，不要以为做一个复杂的股权架构，就可以规避风险，可以偷税漏税，可以招商引资，可以吸引人才。

如果用几个空壳公司套在一起，就可以吸引投资，把投资人的智商放在哪里？投资人是世上最聪明的一群人，他们一分钟就能辨识真伪。听老板讲一分钟话，就知道是不是懂得股权，值不值得投资。

第四点，股权不怕分错，就怕人才选错。

股权不论如何变化，核心依然是人才。股权分错了，人选对了，大家肝胆相照，可以推倒重来，大不了重新注册公司，重新协商股权。股权分得特别合理，但是人才选错了，一天到晚盯着股权变现，不去盯着服务升级，这样的公司是无法发展起来的。

第五点，股权分配要持续学习，常识会变得无效。

当企业有多层架构、有多轮融资时，67%、51%、34%这样的股权线就失效了。企业发展到后期，进入上市阶段，会有更高级的股权知识。这时公司几乎没有持有51%以上的大股东，常规股权知识已经无法解释。因此需要持续学习，一边经营企业，一边学习股权。

其中股权的高阶知识，本书也会涉及一些。

第三章 CHAPTER 3

连锁行业股权认知

第1节
一生受用的三种分配

股权分配之前，先了解一下分配。经营企业的基础，就是分配。有了分配，企业才能持续经营。经营企业的高级维度，是使命。有使命，才可以人心所向，为社会作出贡献。所以，分配是人生的必修课。懂得分配，才能懂得人性。懂得人性，才有卓越的人生。

分配有三个大类，科学分配、哲学分配、心学分配。这三类分配，门店可以用，连锁可以用。分公司可以用，集团也可以用。中国适用，国外也一样适用。

一生受用的三种分配方式，如图3-1所示。

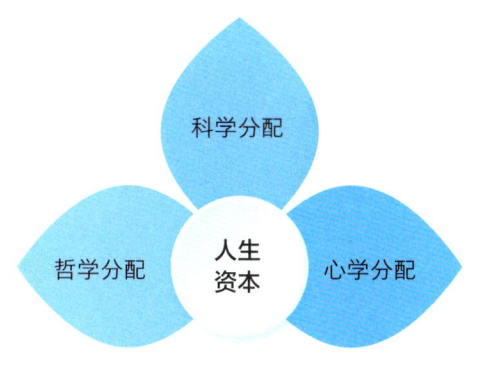

图3-1 一生受用的三种分配方式

一、科学分配

所谓科学分配，就是科学手段来计算，按比例来分配。科学分配的能占到六成以上。在企业中，计算收入和支出，计算人工薪酬、提成、奖金、分红，还有税收和社保账目，都是用科学手段。股权也不例外，需要科学计算。

科学分配有三个要素，如图3-2所示。

图3-2 科学分配的三个要素

科学分配的第一个要素，有一位老财务，把账目做好。账目做得好，可以为战略服务。账目做不好，盈亏搞不懂。许多人创业，开饭店，开理发店，只是简单记一些收入、支出，打拼一年，发现赚的钱还不到1万元。钱去哪里了？一年全给房东打工了。第二年，招工、装修、提价，打拼一年，年底一结账，发现还是没赚钱，比以前上班赚的钱还少。这是什么原因？就是没有资深老财务，没有把账目做好。有许多利润，没有精算出来。许多开支，没有经过统筹，白白浪费了。

门店类的公司，就像水龙头流水，一边进水，一边出水，最终水池里的水只少不多。如果有一位资深的老财务，每月能做一次账目核算，就可以做到开源节流。这样会省出一些钱，省钱就是赚钱。每月省一些钱，一年就能省出几万元。

但是一个门店不可能花钱请一位资深财务，庙小不请大佛。如果拥有多家门店，就有必要请一位资深财务。连锁集团，就需要请注册会计师、首席财务官，目的就是科学记账，获得利润。

科学分配的第二个要素，老板可以不管细账，但一定要懂财务。

在创业初期，老板还是会参与算账的。到了发展期，老板开始主抓市场宣传，还要抓流量。没有流量，就没有用户。这个时候，会弱化财务管理，会强化现金流和利润，防止企业出现危机。也就是说，老板这个时候会从财务角度来预判风险。10年前，老板都是从市场角度来预判风险。

如果市场遇上特别的情况，大家都需要面对的，这时就要从财务角度来预判风险。所以，前几年出现的事情，逼着老板们进化了。

科学分配的第三个要素，结合人性，做好科学分配。

比如一家饭店，按科学计算，精打细算，精确规划，结果就是算得越清，人情味越是淡薄。因为饭店里的人员、工作量、工作时间、辛苦程度不同，强行按科学计算，很难算得清。而且，饭店里的岗位，钱多钱少，会引起轰动，引来麻烦。用了科学分配，哪怕分得再合理，人们也认为不合理。

这就是科学分配的弊端，这还需要其他的分配逻辑。

第一种是科学分配，第二种是哲学分配。

二、哲学分配

科学分配，是精确计算。哲学分配，不算明细，不看细节。

广东有一些家族企业，管理层都是家族成员，根本就不算细账。利润就放在那里，谁家用钱，就从中支取。谁家孩子读书，从里面拿钱读书。如何用科学方式计算呢？根本就算不了。

家族企业，人们贡献的时间和心力，也没有量化的技术。有些家族成员，为了自家企业，累得身体都垮了，这份亲情值多少钱？这份包容如何计算，这种贡献值如何评估？

从科学角度来看，这完全是一片混沌，但是家族企业就是用混沌的状态维持着清晰的分配。全国各地有商帮，如潮汕商帮和闽南商帮，就会用到哲学分配。

三、心学分配

如果说哲学分配有一点离谱，一时接受不了。还有第三种分配方式，心学分配法，这种分配方式，更加"离谱"。

但是心学分配，应用范围非常广泛。

有一家理发店，来了一位仙气飘飘的女士，优雅地坐在那里，指着画册的颜色，和理发师说："我要染这个色。"这种颜色有点冷门，理发师好言相劝，说这种色从来没人染过，这颜色不适合我们的皮肤。

但是女士执意要染，理发师只能执行。经过两个小时涂染、加温、洗涤，最后呈现出的颜色，非常惊艳。女士也很满意，给理发师打赏了200元。这200元，是科学还是哲学分配？都不是，这是心学分配的钱，完全是看心情。西方国家对服务业，讲究给小费。这个小费，没有固定的数量，都属于心学分配。

门店的初创期，好多老板就在用心学分配。饭店有一天翻台率创新高，而且零投诉，老板就在微信群里发出1000元大红包，奖励大家。没有科学评估，没有科学计算，也没有分配的规律，就是看心情。

直播间里的打赏，也是看心情，属于心学分配。

网络有报道，曾有一位"榜一大哥"，一晚上打赏40万元。科学无法解释这个现象，哲学根本讲不清这个逻辑。经过采访，"榜一大哥"并不是富豪，不是富二代，他是小区安保，单身，住在单位宿舍。平日不受业主的待见，也得不到女生的芳心。晚上在宿舍里躺着，刷到一位美女直播，他就打赏了一个礼物。事后，主播用娇滴滴的声音喊了一声"老公"，他迷了心窍，把所有积蓄以及网贷的钱全部打赏出去。

不仅是门店初创，不仅是个人心情，大集团也有心学分配。海尔集团对做出特别贡献的员工，时任CEO的张瑞敏会把这个项目用此员工的名字来命名。西贝莜面村厨师发明一道菜，会用厨师的名字来命名，并且给一份特别的奖励。"王者荣耀"这款产品成功以后，集团对整个团队进行奖励。这个产品没有销售人员，没有推广人员，只有代码工程师、交互工程师、界面工程师、大数据工程师、人工智能工程师。最后用心学分配，给出一个很吓人的奖励，是一套房子的钱。

心学的分配，应用场景其实特别多。有的老板高兴时，会把自己的车奖给员工。他没有评估这辆车的价值，奖励之后，老板又买了一辆新车。有的老板看完一本书，深有启发，就买了100本，送到各个门店，鼓励大家观看。一本书对于一个门店来说微不足道，甚至有点矫情。但是在老板的眼里，他认为这个启发价值百万元。

三种分配方式的背后，是对人性的把控，对人心的掌握。原则性地分配，用科学算法。比如工资、税务、进货、出货这些数字要严谨，不能随意。合伙人的分配用哲学算法，行情好时可以多分一些，行情不好就少分配一些，或者干脆不做分配。特别成果、特殊贡献，用心学分配。比如拿到一份标书，拿到一个行业标杆客户，不小心服务了一位非常有影响力的人，给公司带来一系列的成就，这种分配就是心学。

这三种分配方式，不仅适合于门店，也适用于连锁；不仅适合初创时期，还适合成熟时期；不仅现在有用，未来依然有用。这是人一生都要学习的分配方式。

第2节
股权的五个核心概念

要学股权，先要了解股权的概念。股权有五个相关的概念，即股东、股份、股权、股数、股票。这些概念，往往是同时出现的。有股东必有股份，有股份必然是股东。但公司有股份，未必会有股票，具体是什么原因，对五个概念进行解读，就可以了解，如图3-3所示。

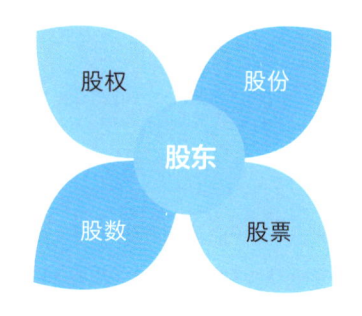

图3-3 股权五个相关概念

我们一一来看。

一、股东

股东，就是拥有公司股份的人。具体来说，股份是公司的权益证明，证明股东对公司的出资和所有权。股东通过购买股份成为公司的出资人，享有公司经营和发展的收益，同时也要承担公司经营风险和市场波动的风险。

股东一般可以分为大股东和小股东。一般来说，股权多的人权力大，股权少则权力小。其实所谓的大小股东，和所持有的股份没关系，和控制权有关系。有的人在公司里持有1%的股份，也能掌控全局。有人在公司的头衔是董事长，是总裁，也是大股东，但他未必是实际控制人。有的人不在公司组织架构里，公司通讯录里也没有他的名字，但他是实际控制人。

总之，大股东不一定是控制人，控制人不一定在股东里。随着社会发展，科技进步，智能加持，企业经营已经没有死角，企业的实际控制人，不管是不是法人，不管是不是在公司名单，都无法隐藏的。只要出了事，一样能把他找到。

二、股份

股份，就是股东持有的公司资产比例，股东通过持有股份，享有公司经营和决策的参与权、收益权等权益。

全世界的股份都是按100%来计算的，总数都是100%，然后切分出不同的比例。如果复杂一些，可以把100%的股份切出1亿份，不同的人持不同比例的股份。但这种算法是横向切分，不便于操作，之后就升级，开始纵向延伸，从上到下，一层一层向下控股。整个控股的结构呈现金字塔的形状。越往上面的层级，权力越大，人数往往越少。（人数不是绝对的少，大多数情况，控股层的人数较少。）

连锁规模拥有近3万家的蜜雪冰城，它的股权结构只有四层。第一层就是两位创始人和几位创始股东。第二层是主体公司，就是作为集团，做运营管理。第三层是若干个经营公司，用来控股全国各地门店。这是典型的三层控股结构，不管层级有多高，万变不离其宗，最上面一层，就是实际控制人的股份。第二层是股东加投资人组成的资产层。第三层，就是主体的运营公司，主体公司的名字，就是对外宣传的品牌名称。比如阿里巴巴、联想、腾讯、亚马逊，这都是主体公司。第四层，就是各类合伙公司，如分公司、连锁分店。合伙公司可以把一个专业团队放在里面，共同享有一定比例的股份。

不管控制层有多少，不外乎是两种情况，一种是可以对外公布，一种是不可公布。

作为连锁公司，要根据发展路径，设计好股权结构。结构是一步一步完善的，不是一步到位。许多专业股权公司、股权专家，哪怕给一家小规模的连锁做股权设计，也要画出一个庞大的金字塔，中间各层之间的结构比机房的网线还复杂，比蜘蛛网还没有规律。这样设计因为太过完美，根本没有实用性，哪怕这个所谓的完美股权结构可以合理税务、吸引人才、减少财务风险。但是，这样的股权结构每层面的股东层要有具体的个人来站位。没有庞大的组织结构，没有足够的人才，这样的股权结构就是一种摆设。

不如简单两层结构，一层是连锁集团，一层是旗下门店。集团是做股权运作，门店是做股权控制。当连锁门店超过10家，连锁人才达到一定数量，再做三层结构。

九层之台，起于垒土。千里之行，始于足下。股权架构，从两层开始。

三、股权

股权，简单理解，就是股份和权利。

这个权利，是《公司法》规定的权利，比如说67%是绝对大股东，拥有修改公司章程的权利，拥有增加或减少注册资本的权利，拥有公司合并与变更这样重大决策的权利。51%是相对权利，就是占据二分之一略高一点的比例。34%的股权拥有一票否决权，就是三分之一略高一点比例，一票否决就是反向控制，不可以提议，但可以否决大股东的提议，也能起到反向控制的作用。

这些比例是知识基础，主要用在连锁的集团层面，并不会用在控股方面。具体解释，当连锁集团控股旗下门店，或者开设直营店，总部不会占所谓的51%，获得相对权利。也不会占67%，获得绝对权利。一般都是100%全资控股，分店完全没有股份。

四、股数

股数，学术上的解释，是股票的数量。在公司上市以后，发行股票，才会涉及股数。

我们可以活学活用，公司没上市，也可以拿出一定比例的股权，分解成股数，然后分配出去。

比如有一家连锁公司，经过三年发展，业绩很好，老板想给大家分股。但他有两个顾虑，他不想只分给三位股东，而是想给大家都分，体现雨露均沾。第二个顾虑，分出去的股份，最好自由一些，不要变更股权结构，不要动不动就跑到工商局去变更股东名单。

这时就可以用到股数，在内部自由分配，自由交易。

这样操作有四个好处。

第一个好处，不改变股权结构，就可以分配股权。

第二个好处，将功劳与股数结合，功劳与考核挂钩。功劳有大有小，股数有多有少。这样分配，就能起到激励效果。

第三个好处，连锁行业的人员流动很大，经营不是很稳定，如果分配了总部与分店的原始股，人员一旦离职，就需要去工商部门变更，非常麻烦。可以拿出相应的股份，比如拿出20%，拆分为20万份股数，给所有功劳者进行分配。店长分5000份股数，副店长分到3000份股数，其他干部都有不同比例的股数。这样分配，就起到股东一样的激励效果。如果有人离职，公司可以按比例回购股数。

第四个好处，员工分了股数，就对股份有一定了解。以后用股份激励，员工就有基本认知。未来某一天，连锁集团如果给员工购买股权的机会，大家就容易形成共识。如果没有股数的分配，股权就是完全陌生的内容。人们听到有内购股权的机会会心存疑惑，认为公司"羊毛出自羊身上，分股是为了收割"。

五、股票

股票是上市连锁公司才会触发的概念，非上市的暂时不涉及股票。

股票是上市公司的所有权凭证和资金来源，而上市公司是股票发行的主体和价值支撑。上市公司通过发行股票来吸引投资者，从而获得资金。整个过程，要遵守相关法规和规定，保证股票交易的公平、公正和透明。

同时，股票价格和上市公司业绩，也是相互影响、相互制约的，共同构成了股票市场的运行基础。股票价格波动反映上市公司的表现，当投资者对上市公司的前景持乐观态度时，人们会购买更多股票，从而推高股票价格。相反，如果投资者对公司表现持悲观态度，他们可能会卖出股票，导致股票价格下跌。因此，股票价格波动可以反映市场对上市公司业绩和前景的看法。

这是五个股权概念，汇总在一起，做一个总结，如图3-4所示。

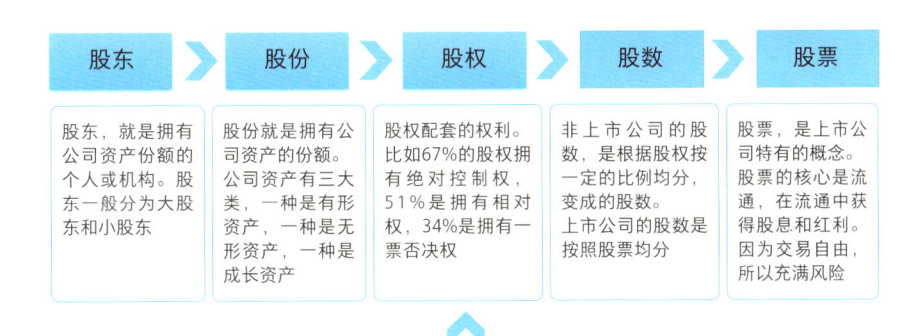

股东	股份	股权	股数	股票
股东，就是拥有公司资产份额的个人或机构。股东一般分为大股东和小股东	股份就是拥有公司资产的份额。公司资产有三大类，一种是有形资产，一种是无形资产，一种是成长资产	股权配套的权利。比如67%的股权拥有绝对控制权，51%是拥有相对权，34%是拥有一票否决权	非上市公司的股数，是根据股权按一定的比例均分，变成的股数。上市公司的股数是按照股票均分	股票，是上市公司特有的概念。股票的核心是流通，在流通中获得股息和红利。因为交易自由，所以充满风险

学习股权之前要区分这五个概念，学懂以后，五个概念其实是一回事

图3-4　股权概念汇总

股东，就是指人，有内部上班的人，也有不在公司上班的人。

股份，是一个数字，说起股份就是一个带百分比的数字。

股权，是指股份里面的权利，和实际管理的权力不一样。

比如公司有两个副总，有一位是空降过来的，他暂时没有股份，但他有管理权力。而另一位副总，是联合创始人，当初和老板一起创业的。他持有股份，同时也有管理权力。空降的副总，不参与公司的股东会。创始的副总，要参加股东会。

股数，是一个数字，这个数字一般比较大，一万份，十万份都有。股数一般是按估值，一股1元，一万股就是1万元。

股票是上市公司的价值核心。公司是船，股票是帆。帆会受到风向的影响，还会影响船的平稳。而船的掌舵手就是公司最高决策人，他的胸怀和眼界决定船行驶的方向。不要为了眼前利益，忽略远方，带来泰坦尼克号一样的结局。

第3节
股权之前的财务思维

有一位超市老板，每个月底都有过账的习惯。有一次他看了财报，变得一脸阴沉。因为他把所有开支都当成了成本。上个月采购了一批货架，这是一次支出，是长期使用产品，属于固定资产。但是算到一个月的账目里，成本明显增加。但是货架的使用，起码三年。按三年时间核算，把成本摊在36个月，那成本非常低。所以，我就告诉他，要有成本意识，有财务思维，要学会算账。

财务算得明，股权分得清。财务算得明，财税才能算得清。财务算得明，投资和融资才能进行。股权、税务、投资和融资的前提就是财务。股权分配之前，要补上财务的知识，补上财务的思维。

财务思维，道术一体，道的层面是思维，老板必须有财务思维。财务思维也是战略思维的基础，是发展过程中离不开的。企业在并购、上市、融资、投资，每一步都离不开财务。术的层面是财务报表、财务账簿、财务人员，这是把财务落实下去的元素。

财务有三张重要的报表，第一张是现金流量表，第二张是损益表，第三张是资产负债表。有了这三张表，才能进行下一步的核算。有多少利润，要交多少税，能分多少股。财务三张重要报表，如图3-5所示。

现金流量表 → 损益表 → 资产负债表

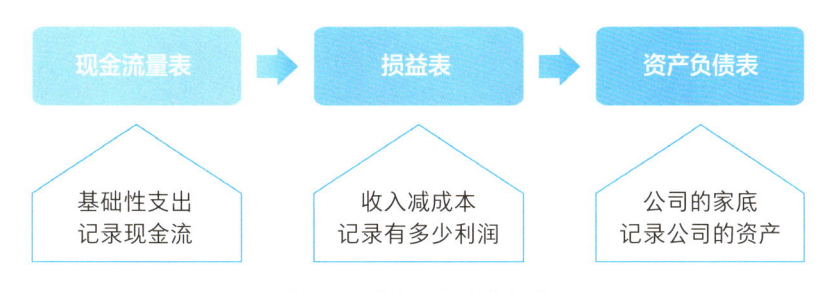

基础性支出 记录现金流 ／ 收入减成本 记录有多少利润 ／ 公司的家底 记录公司的资产

图3-5 财务三张重要报表

现金流量表，反映公司基础性流水，统计每个月的收入和支出情况，看的是有多少现金流。

损益表，也叫利润表，反映公司有多少利润。利润就是收入减去成本、费用等。

资产负债表，反映公司的资产，也就是家底。这个表是记录关于人员的基本工资、绩效工资、奖金，还有分红。

这三张报表是财务基础，每个公司发展都离不了。但是公司发展，也会进行个性化改良。有的公司还会做第四张表，是权益变动表，这张表反映的是公司所有者的权益变动情况，也就是股东的权益变化。这张表是给股东看的，按月来做，按季度来公告。股东每个季度会有一次股东会议，就可以看到权益变动表。

有的集团公司，会把三张表的功能合并在一起，然后按功能再拆分成多张表，由不同的财务人员来填写。这样财报就会更加清晰，但工作量也会增加，不适合中小企业。

对于连锁行业，除了这三张表，还有进货表和出货表。这也是重要的表单，这些表单综合在一起，可以反映出经营的情况、连锁的行情。

还有一些集团，采用"人单合一"或者"阿米巴"的记账方式，填写的表单不同。但是，万变不离其宗，基础内容都是三张财务报表的内容。

财务账簿，也叫会计账簿，是有一定格式的账页组成的，是分门别类地记录各项业务的账本。账簿的编制，是财务报表的依据。财务报表也需要账簿来保存。

财务账簿有不同分类、不同的功能。按用途可以分为序时账簿、分类账簿、备查账簿。其中，序时账簿又称日记账，是按经济业务发生时间的先后顺序，按每天、每笔业务进行登记；分类账簿是对按照业务事项进行记账，比如公司开年会，年会相关的支出，就是一个分类。备查账簿又称辅助账簿，是对前两类账簿没有登记的，或者不够详细的业务进行登记。

按账簿的外表形式，可以分为订本式账簿、活页式账簿、卡片式账簿。订本式是有编号的，按编号装订成册，然后保存。活页式账簿是不固定的，所谓活页，可以灵活增加账目表。卡片式账簿，是将账户所需格式印刷在卡片上。

按照账目结构，可以分为两栏式、三栏式、多栏式账簿。

所以账簿的形式，都是严格按照《中华人民共和国会计法》和国家统一会计制度来制作的。目的就是确保账目的真实性、完整性和安全性。账目的真实性，是在1939年，会计界的专家麦克尼尔提出的。他认为，会计工作必须严谨、真实。真实性是会计的工作准则之一。

财务账簿和财务报表，两者有什么区别？

首先，财务账簿是一定格式的账页组成的，是全面而系统记录账目的。它是财务报表编制的依据，财务的三张报表，是基于账簿的数据来制作的。

其次，账簿是内部使用，财务报表可以提供给外部投资者、债权人、利益相关者以及相关政府部门和上级单位来查阅，让他们了解企业的财务状况。

因为股权分配会涉及的财报，所以本书特别安排一节内容来讲解。重点是了解财务的知识，掌握财务的思维。让老板拥有会计的办事逻辑，并不是让老板比会计师还要懂财务知识。

财务账簿、财务报表、财务人员，这是落实财务的三大要素。先有财务人员，再有财务账簿，然后有财务报表。

财务人员是随着公司发展而升级的。不仅是人员的增加，财务难度的增加，还有财会专业的升级。只有1个门店，需要有1位会计。有10个门店，至少需要有5位财务人员。财务人员增加，财务报表越来越复杂，财务水平也在提升。从初级会计员到助理会计师，再到高级会计师，还有注册会计师。

门店规模很小的时候，2位财务很忙。5家门店的时候，5位财务人员依然很忙。成为连锁集团，20位财务人员依然是一年四季年初忙到年尾。为什么这么忙？就是为了做账目做到真实，而且要把一手数据做好，还要做财务三张表。只有这三张报表做好，后面的利润与分成，还有股份分配，才有科学依据。

所以，财务的复杂，除了流水增加、人员增加，核心原因在于财务开始做无形资产，做深度分析，做宏观调控。有形资产的财务容易做，无形资产的财务不易做。这就需要有对应级别的会计师。

在此补上会计师的知识。

初级会计师：又称助理会计师，是会计从业者的入门级别，主要负责完成会计凭证的制作和记录、编制账簿、核算应收账款、处理结算等基本工作。单个门店，需要一位初级会计师。

中级会计师：又称主任会计师，主要职责是审核账簿、审核会计报表，分析财务状况，负责会计核算的各项工作。多店发展，就会有中级会计师。

高级会计师：又称管理会计师，主要职责包括编制会计报表，分析财务状况，负责会计核算各项工作，按照有关法律法规和会计准则编制企业财务报表等。连锁阶段需要高级会计师坐镇。

作为公司掌门人、运营人、操盘人，如果是营销出身，或者生产出身，不需要成为专业会计，但必须拥有财务意识，对成本敏感。不需要查看每一笔账目，但要练就一双火眼金睛，能从财务账目中看出端倪、看出风险、看出机会。事实上，全国及全球各大高校，开设的工商管理硕士班，工商管理博士班，都有财务相关的课程。可见，财务意识等同于战略意识，是必修课程。

拥有财务意识，可以从财报中看到不同层面的内容。三流人士看出盈亏状况，二流人士看出经营策略，一流人士看出趋势商机。所以，老板要重视财务，从创业之时，一手抓战略思维，一手学财务思维。从第一家门店创业，每天打烊时，就要花一点时间来做账。只要账目做好，利润点就能找到，然后根据利润点，开源节流。随着业务扩大，门店做成连锁，本市做到本省，跨省再到全国，还要坚持看账，但看的不是盈亏明细，而是看趋势。就像开车时，看路的过程中，去看油量和电量，进而掌控加油的时间和节奏。

当公司到了资本阶段时，涉及投资、融资、并购，涉及IPO、上市，财务会更加复杂。这时如果不懂财务，没有财务思维，那将无法应对发展，无法做出精准预测。现在有许多公司盲目上市，又快速退市，不是想通过上市去圈钱，而是对财务没有精准把控。

股权的基础是财务，资本的基础也是财务。而财务的基础是报表，报表的基础是财务思维。忽略了财务，就分不了股权。掌握了财务思维，就能守住财富。

第4节
股权与期权的核心关系

学习股权，了解五个股权相关的概念，即股东、股份、股权、股数、股票。这让我们明白，这些概念往往是同时出现的。有股份未必有权利，有权利未必是股东，股东未必是同事。因为有的股东可能是代持的，有的股东是投资人，在公司几乎看不到他们身影。

经营企业，在股权的应用过程中，还会运用到期权。期权是股权的"落地搭档"，是股权操作的"亲密伙伴"，股权和期权是企业升级的"不二法门"，所以这一节要全面认识期权。

期权是什么？

期权是一份"期望"，可以是物质的，可以是虚拟的。物质的，比如一部手机。虚拟的，比如一张健身房年卡。在创业初期，期权激励效果比股权要好十倍。公司的初创期，也不适合用股权来分配，适合用期权和分红来分配。期权的操作难度相对股权要简单十倍。比如，激励一部上万元的手机，不用签合同，只需要一份说明协议即可。如果是分配了股权，哪怕是0.5%的股权，也要把合同签好，并且要经过多重审核，逐字逐句地审阅，定稿以后，签订合同，最后还要在工商局做出股权变更。

期权相对股权的理解，也要简单十倍。孩子三岁，读幼儿园，妈妈就会激励孩子，说你在幼儿园里拿到"五朵小红花"，妈妈奖励你一个玩具。一个三岁小孩，都懂得这个期权机制。然后他会在幼儿园里特别表现，拿到一朵小红花，放学后郑重地交给妈妈。妈妈把小花朵贴在他小床前，然后第二朵、第三朵，贴成一排。当拿到第四朵，小朋友就开始期待了，离自己心心念念的玩具不远了。这就是期权激励，一说就懂，一用就会。但是股权从小到大，从小学到大学，几乎遇不到。工作多年，也未必会遇上股权分配。

期权的"期"，有两层含义，既是表达"期望"，也是表达"日期"。期权的日期，比股权激励的日期要短得多。例如，有一家公司规定，10年以上优秀员工，经过考核可享受"期房"，就是工作10年的优秀员工，公司会分配房子。房子首付，公司已经支付。之后的月供，由员工承担。如果中途离职，公司有权回收房子。这样设计，就把优秀人才给锁定了。股权的分配，员工不管工作多少年，基本碰不上。

  河南胖东来超市，对店长有"期车激励"。给店长配车，车有五年使用期限，在此期间，车子使用权归店长，店长可以自由支配。五年以后，车归属于店长。如果中途离职，车归还给公司。这样激励，就起到很好的效果，可以方便通勤，也给足面子，还可以锁定店长。而一辆车开了五年，保养得再好，也是一辆普通的旧车了。

  现在有一些网红公司，因为踩到风口，收入可观，公司也经常用车子作为期权奖励。使用权归网红员工，只要不离开公司，车子就可以一直开着。

总的来说，期权有两个特征，一是价格相对高，二是日期相对较短。如果用一支笔作为期权，这就不合理了。期权物，价格起码在10万元以上，这才可以起到激励作用。

期权的综合拆解，如图3-6所示。

1 **两种期物**：一是有形物品，二是无形物
2 **两种方式**：一是后给激励物，二是先给激励物
3 **两个方向**：一是向上主动要期权，二是向下定期权
4 **两个核心**：一个是期望，一个是日期
5 **两个优势**：一是起到缓冲作用，二是可以验证人才

图3-6 期权的综合拆解

一、两种期物

期权的期物有两种，一是有形物，二是无形物。车子就是有形物，可见可摸的。停车位是无形物，同样可以做期权。

比如在深圳这个地方，车子好买，车位难买。尤其是豪华写字楼的地下停车场，车位都是有数量限制的，楼里每家公司能分配的车位非常有限，这时，停车位就可以作为期权。

把停车位和业绩挂钩，业绩达标，就奖励停车位一个。比如半年营业额达到300万元以上的门店，获得"团队三亚游"，半年营业额达到500万元以上，获得停车位一个。

二、两种方式

期权有两种操作方式，一是后给激励物，二是先给激励物。后给激励物，容易理解。按照评选规则，日期到了，把期物给到对方。

什么情况做期权是先给激励物？想想我们日常生活中，什么事情是先使用后给钱的？信用卡，贷款买房，这就是先使用，后给钱。先住进去，再用30年分期还款。先给激励物的期权，就是用"信用卡"的原理，以"信用"为基本，在相信对方的前提下，先给期权物。比如先给一台车，让店长先开着。店长有车，状态也好，门店的绩效也会提高。

申请信用卡，银行也会对人进行调查，会查人的征信，然后决定是否会下发信用卡，决定具体的额度。那么公司先奖励车，也一定是提前调查，对当事人进行考核。这样操作，既有科学评判，又有人情味，还能体现出公司的格局。

三、两个方向

期权操作有两个方向，一是向上主动要期权，二是向下定期权。

常规的期权，就是领导制定，向下执行。但是员工也可以向领导要期权，和领导商量，如果达成年度目标，就获得一个特别的期权。领导经过核算，一般都会答应。因为羊毛出在羊身上，员工创造了业绩，就是给公司创造业绩。但领导往往还会加一条，若目标达不成，要有对应的惩罚。

有魄力的领导，往往会带出有魄力的员工。有魄力的领导，往往会营造有魄力的文化。所以，公司在年终大会上，出现了向上要期权的，这说明领导是有魄力的。

四、两个核心

期权有两个核心，一个是期望，一个是日期。

期权物，要能激发人内心的期望。内心期望的，当然不是楼下便利店买到的东西，而是经过努力可以获得的东西。

日期如何来定？日期越长，期权物越贵重。比如一年内激励，用手机作为激励物。如果是三年时间，手机就没有激励性了。

五、两个优势

期权有两个优势，一是为股权做好铺垫，二是验证人才。

在股份分配之前，可以先分期权，给双方一个缓冲作用。

比如公司有一位空降兵，他是行业第一名公司的营销总监。这是猎头费了好大的劲，用高薪把他挖过来的。期望他能带领公司，从线下到线上创造出更大的辉煌。公司给他许诺了副总裁职位，还有年度分红、期权股。

但是行业第一名公司的总监，是凭他一己之力做到1000亿元业绩吗？当然不是。是他带领团队做到的吗？也不是。这是整个集团的品牌效应，而且这是花了500亿元的运营和推广，才做到1000亿元的规模。这个岗位，换一个总监，一年照样能做到1000亿元。行业第一名的公司，业绩跟总监没太大关系，和战略有很大关系。而且客户只认可服务，不是认可某一位总监。

所以，空降兵到来，先不要分股权，先给他期权，期限是两年。这两年是互相观察期，如果业绩达标，期权直接转化成股权。如果发现他水土不服，无法融合团队，那期权就是给双方回旋的余地。分配期权，进可攻，退可守。用两年时间验证人才的本事，把合作的风险降到最低。

这是期权的全方位讲解，是从多个维度去理解期权。最后对本节做一个总结。

期权有两个元素，一是有形物品激励，二是无形物激励。期权有两个方向，一是从上往下定期权，二是从下往上要期权。期权有两个核心，一个是期望，一个是日期。一年以内，有形物的期权更有激励性，两到三年，无形物的期权有激励性。三年以上，股权更有激励优势。期权有两种操作方式，一是先行激励，二是后行激励。先行激励，要有信用和评估。

期权和股权有三个本质区别，期权可以转为股权，股权不能转成期权。期权比股权要简单，涉及的合同条款也简单。期权比股权有人情味，股权比期权更有法律效应。

第5节
股权分配的六大好处

股权分配好处很多，具体有多少个好处，没有标准答案。对于连锁行业，主要有六大好处，如图3-7所示。

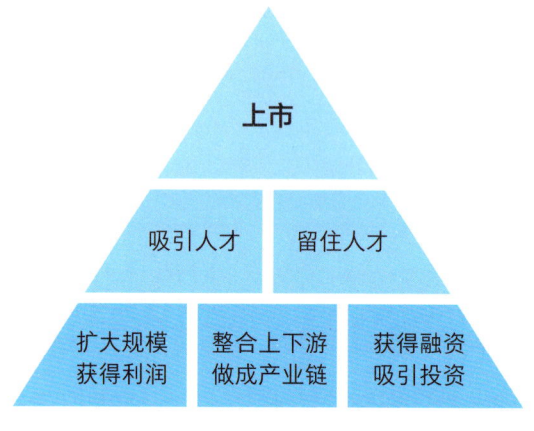

图3-7 股权分配的六大好处

一、扩大规模，获得利润

连锁和企业一样，规模越大，需要的人才越多，需要的专业知识也越多。人才的实力，决定着公司的实力，决定着连锁行业的扩张。而发展的规模，离不开股权分配。

连锁公司发展，有两条路径，一条是从单店到多店，再到连锁集团。另一条路是从小店做到大店，大店再做到第二家店。不求多量，只求稳健。比如河南胖东来连锁集团。

有的门店适合单店做大，比如餐饮连锁集团，当初也是只有一个小档口，之后盘下一整层楼，开始接婚宴和周年庆的宴席等。然后发展第二店，做成连锁集团。有的门店就不适合做大店，比如牙科诊所、蛋糕店、奶茶店。规模太大，可能会亏钱。比如，蜜雪冰城，一旦扩大规模，可以坐下点单，门店就会亏损。

所以，扩大模式，要么走大店、综合店、生活店方式，要么走多店。不论是哪一类门店，都要用心经营，将运营模式流程化，服务模式流程化，股权分配流程化，人才考核流程化。流程到位，人才不累。流程不对，"累死三军"。

二、整合上下游，打造产业链

连锁发展必然依赖上下游，同时也要扶持上下游。大家组成一条坚实的产业链，才能赢得市场。在整个产业链中，最强的一家公司就是产业链的龙头。

不要以为上游就强势，也不要以为下游就弱势。孰强孰弱，都不一定。综合商超产业链，谁最强势？当然是沃尔玛，沃尔玛是大型综合商城，上游的产品要摆在沃尔玛的货架上。沃尔玛还会投资一些厂家，生产一些高频率消费的产品。然后打上沃尔玛的标签。同样，华润万家、屈臣氏等，店内都有自营品牌的产品。这些产品，都是产业链整合的，并且是用股权融合的。

肯德基、麦当劳也有产业链。店内的薯条，上游公司是土豆供应商。但是肯德基并不会压制上游，而是培养上游供应商发展，帮助他们种出更大更圆的土豆。没有好土豆，就没有好薯条。

另一个产品是汉堡包，里面的酱料、生菜、牛肉，全部是上游供应商提供的。一旦找到优质的上游，就要结伴而行，共同研发好产品。其中生菜，就是在众多农产品中一家一家筛选出来的。因为汉堡里面的生菜叶子，不能有明显的茎，整体形状呈现圆形，不能太大，不能太小，不能太厚不能太薄，这就是需要一些科技手段来改良。所以，最终找到一家公司——青岛凯盛浩丰农业有限公司，董事长名叫马铁民。这家公司最初是用10万元起家的，从一家不起眼的生菜小农场，变成亚洲第一的生菜基地，同时也是生菜出口第一的公司。他们的生菜叶子，不仅供应肯德基、麦当劳，还供应汉堡王、必胜客、华莱士。

其实所谓的"强势"，不是指规模，也不是指强势的领导风格。主要是看合作的心，心与心的融合，才有产业链的整合。合作之心，就是股份分配之心。

三、获得融资，吸引投资

要融资，先想一个问题。一家连锁公司，如果获得一笔融资，凭的是什么，要给人什么回报呢？

假如一家卖鞋的连锁公司，旗下有300家门店。需要1000万元的融资，这时要考虑三个问题。拿到这笔钱，怎么花出去？花出去能带来多少营收？可以给投资人多少回报？

这样思路就清晰了，给投资人什么呢？不可能给鞋吧。在投资人眼里，鞋不值钱，店不值钱，模式也不值钱。只有变现手段才值钱，变现手段就是股份。只有股份，才能作为筹码，换取融资。

如果公司获得一笔融资，如预期一样发展，这时就可以继续融资，进行第二轮的融资。每一轮融资的计算方式都是动态的，奖金和对应的股份也是变化的。

总之，集团的发展离不开股权，股权的变现也离不开融资。

四、吸引人才

留住培养的人才，也要吸引外部的人才。这叫一攻一守，攻守兼备。人才会像血液一样流动，股权也是随着人才流动起来的。在流动的过程中，保证人才基数，保持人才质量。

要吸引外部人才，就要给内部人才股份。这是最大的筹码，其他一切宣传都是辅助。连锁门店，管理人才需要用股份吸引，店员需要用福利吸引。一家门店，只要福利比同城或同区的同行好那么一点点，就有吸引力了。

> 比如理货员，同行工资是3000元。只要3200元，就有吸引力了。但是许多门店打听到同行的工资，他就要少200元。最后他门店常年都在招聘，门口总是立一个招聘的牌子。常年招聘的门店，就是没有吸引力的门店。

对于店长或储备店长，这需要用门店的股份来吸引，如拿业绩提成或者业绩分红。提成可以按季度分配，一季分配一次。分红可以按年分配，一年分配一次。

对于连锁集团，人才要有股权吸引，还要有发展空间吸引。因为人才都明白，没有发展空间的公司，股权也没有变现的可能。所以，集团要对人才进行培养、培训，并且要轮岗。一个人从事过三类岗位，就容易成才。比如他当过三年店长，当过三年大区经理，在集团又做了三年市场部总监，然后晋升为副总裁，享受集团年薪和集团股份。这时，他就会成为公司的标杆，成为业界的楷模和传奇，吸引业界的人才。

因为股权本身不具备吸引力，股权变现才有吸引力。股权不变现，那就是一串数字。

五、留住人才

给人才分股，用股权留人，民间俗话叫"金手铐"。这个比喻很形象，手铐一戴，谁也不爱。其实股权留人的手段是阳谋，手铐留人的手段是阴谋。而且股权是互相争取的，只有极力争取，员工才会珍惜。"金手铐"显然是单方面的手段，留住了人，留不住心。所以，股权是好事，但这个比喻并不好。

连锁行业用股权留人才，那人才是哪些人呢？

连锁公司有两大部分，一是连锁集团，一是连锁门店。连锁集团的中高层管理者都是人才，在经过考验之后，都值得用股权留住。连锁门店，一种是直营店，一种是加盟店。直营店的店长，就是职业经理人，这值得给股权，用股份把店长留住。而加盟店并不对门店里任何人分股，但可以用股权对整个门店进行分配。不针对个人，针对加盟店。（加盟店的优势，本节后续会讲到。）

星巴克、麦当劳、肯德基这类门店的店长，需要超强的管理能力和专业知识，在培养过程中，还要安排全球学习、考察以及学位提升。这样的人才难得，一旦培养成才，需要用股权把他们留住。像沃尔玛、家乐福、宜家家具、万达广场这样的超大型门店，店长需要超强的领导力和人脉资源，他们的股权也是少不了的。流失一位店长，也会伴随着资源的流失。像正新鸡排、蜜雪冰城这类门店，单店规模小，一般是加盟方式合作，股权由加盟商来负责。

六、上市

公司上市，靠什么增值？就是靠股权。所以，股权最大的好处，就是上市以后增值变现。

上市有两大类别，国内上市和国外上市。国内主板股市有上交所、深交所、港交所。国外代表性的有纽交所、纳斯达克等。其中，港股上市，可以增值20到100倍。因为香港股市对标的是纳斯达克，所以连锁公司也希望在港交所上市。

在上交所、深交所等主板上市，门槛很高，一年只有几十家公司可以成功上市。同时，每年还会有几十家公司退市。北交所是新型交易市场，面向专业化、精细化的中小企业。北交所有明确的上市方向，不接纳产能过剩的产业，不接受金融类产业。

连锁行业是不是产能过剩行业呢？虽然国内人口众多，消费是刚需中的刚需，但是从上市的角度来说，已经过剩。全球大大小小的连锁超市，数一数二的公司，都在关店。单纯货架买卖，一手进货一手销售的门店模式，已经夕阳西下。大街小巷的便利店，多一家不多，少一家不少。这类门店谈不上股权增值，也无法上市。

奶茶中的连锁巨头——蜜雪冰城，已经开了近3万家门店，并且成为全球第五大餐饮连锁。它已选择在港交所上市，已经走到上市路上了。N多寿司，也开了上万家门店。华莱士开了2万多家门店。这些有强势品牌、有强势总部的公司，基本会选择港交所上市。

连锁行业中，超市类型虽然难以上市，但是连锁模式还是很有竞争的模式，可以上市。

这是连锁行业股权分配的六大好处，要运用好股权，把六大好处全部发挥出来。具体分配多少股权，本书后面有详细的分配策略和操作步骤。分配有一个前提原则，遇上人才，就要珍惜。珍惜人才，就要配上股份。

第6节
股权分配的七个误区

了解股权的概念，洞悉股权的好处，正式分配之前，还要明白股权分配的误区。这些误区只要不能看明白其中的规律，错误就还会重复出现，而且很有可能一次犯多种错误。

股权分配有许多误区，常见的有七个，如图3-8所示。

```
股权分配的七个误区
 ⇒ 误区一：平分股权
 ⇒ 误区二：一厢情愿送人股份
 ⇒ 误区三：功不配位，没有评审
 ⇒ 误区四：德不配位
 ⇒ 误区五：股份和权利分不清
 ⇒ 误区六：分配以后就躺平
 ⇒ 误区七：分股后说三道四
```

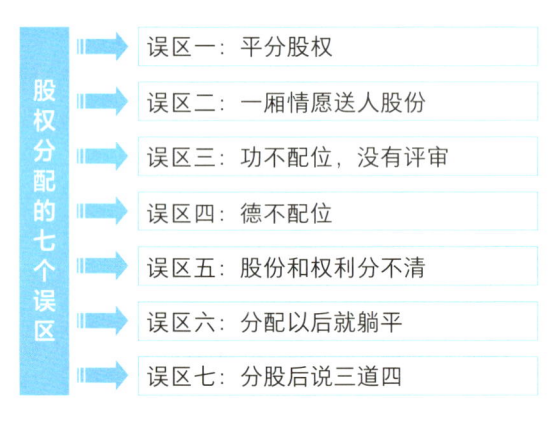

图3-8 股权分配的七个误区

平分股权、一厢情愿、功不配股、德不配位、股份和权利分不清、分股以后就躺平、分股以后说三道四。这七个误区，有的是操作层面的错误，有的是认知层面的偏差。不论是哪一个方面，都要从根源上解决。这些误区讲解有顺序，现实中不分先后顺序。

一、误区一：平分股权

许多人创业，股权就是二一添作五，一人一半股。遇到问题就推给对方，遇到好处就拿走，最后变成难以调和的矛盾。变成了朋友式合伙，仇人式分开。

还有的创业团队，五个人一起，每人持股20%。因为大家是校友，为了公平，股权就平分。公司不赚钱，大家倒也相安无事。只要赚了钱，大家坐下来盘点利润，就会发现这很不公平，自己拿少了，明明自己付出最多。这就是平分股权的心理，每个人总认为自己付出的多，回报的少。

最夸张的，是16个人一起合伙开公司，股权也是平分的，每人持股6.25%。这些人都是羽毛球爱好者，经常一起打球，后来就合伙开了一家健身房。他们的理念也很明确，就是"快乐健身，共同分钱"。最后发展出了问题，个个都在推卸责任，16个人吵成一锅粥，不欢而散。

全球有许多股权平分的成功企业，但这些公司，往往是家族企业，虽然股份是平分的，但他们有一位绝对掌权者，大家都服他。除了这种情况，只要股权平分，很难成功。

二、误区二：一厢情愿

你觉得一个人对公司很重要，一厢情愿给他分股权，这会出现什么情况？

你给得一厢情愿，对方拿得不情不愿。你认为股权激励是最大的激励，对方认为股权是最大的阴谋。你是想分钱给他，他却认为你要把他套牢。你认为股权分出去，大家就是一伙人。对方认为，股权分出去，不用加班费。

切记，股权不要一厢情愿地给，要让对方认清股权的概念，了解股权的价值，让股权变成大家心中的渴望，成为大家的奋斗目标。这时分出的股权，才有意义，才有价值，人们才会珍惜。哪怕让大家花钱买股权，大家也是非常乐意。

所以，股权分配之前，要做好宣导，每个月度大会，可以讲一些股权的知识，让大家心中有数。讲上一两年，人们对股权就有深刻认知了。（本书后续有专门章节，来讲股权宣导大会。）

三、误区三：功不配股

功劳和苦劳，一直是个难以界定的问题。人们都知道，有功者应该分股，无功者不应分股。那功劳和苦劳为什么难以评定？因为没有科学考核。公司股权很重要，考核也重要。考核体系比股权体系还要复杂，变化比股权还要多。所以，股权难，主要难在考核。

比如华为的股权结构一目了然，一位自然人，一个持股平台。持股平台中，有近10万人持股，各自分配多少呢？这是一个非常庞大且复杂的考评体系。

比如连锁行业，连锁集团的职位容易评定，功劳可以和业绩挂钩。对于连锁的门店，店内许多岗位，就是不断重复，哪怕干10年的打称员，勤于职守，也会被评定为苦劳。当连锁门店启用智能电子秤，把菜放上去，可以识别菜品，称出重量，打出价格，那打称员的岗位，就会被智能化取代了。人都被取代了，更谈不上股权分配了。

再看店长，他的功劳和业绩可以挂钩，但是近10年的门店，超大的连锁门店纷纷关店，功劳再大，也碰不到股权分配。这是第一种评定方式，从社会趋势来分配。

第二种评定方式，是发展节奏来评定。比如，公司成立前三年，几位创始人没日没夜地付出，白天当老板，晚上睡地板，大家把门店开起来，做成连锁集团。三年后，门店进行信息化升级，进来一批高学历的职员，老板开始重用这些新职员。这时，创始团队功劳如何评定？

起码有一多半的公司，会选取过河拆桥的形式，弃用元老，重用新人。之前的功劳随风而去，几年以后，元老纷纷离开。

另一小半的公司，老板会给他们分配股份，但是相应的权益会逐步让给新人。元老们退居二线，做一些指导性的工作。毕竟是功臣，许多经验还是有用的，但是电脑操作、体能上已经欠缺。

四、误区四：德不配位

用人有四个原则，有德有才，破格重用。有德无才，培养使用。有才无德，限制录用。无德无才，坚决不用。这四个原则，都是品德为先，能力在后。所以，在股权面前，品德比能力重要一百倍。

具体看这四个原则，无才又无德的人，不能使用，更不能产生股权关系。

用人的四大原则，如图3-9所示。

无德，但是有才，限制使用。让他在规则之下，发挥才能。考核方式就是按结果来分配，有业绩给予奖金

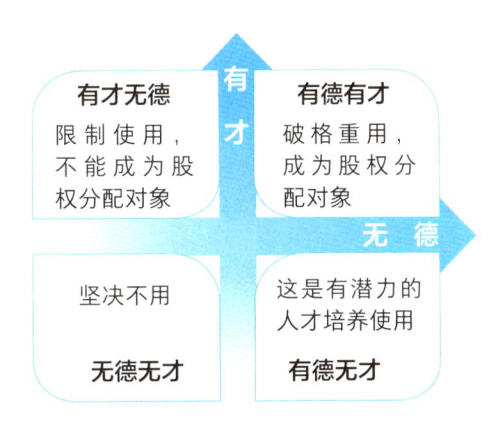

	有才	
有才无德 限制使用， 不能成为股 权分配对象		**有德有才** 破格重用， 成为股权分 配对象
无德无才 坚决不用		**有德无才** 这是有潜力的 人才培养使用
	无德	

图3-9 用人四大原则

或项目分红就可以，不用给股份。另外，关于"品德"也是相对来说的，有人天生对钱敏感，对人情淡泊。有的人遇到有钱的事就特别积极，遇到没钱的事就特别消极。最后，他就被人冠以"无德"的评价。事实上，时代在变迁，一代人和一代人不一样。90后没有80后那种童年磨难，也没有70后那样的苦难，从小被四位老人宠爱，从来不缺钱，从来没挨饿。所以，他们做事会被认为不太有合作精神，会被认为没有品德。而70后和80后，都有几个兄弟姐妹，从小就是在亲情关系中长大，他们从小就有合作精神、奉献精神，所以会被认为特别有品德。

其实只要企业文化好，大家都会变得成熟。学校教会大家知识，企业教会大家品德。有德有才，那就可以享受股权分配。

五、误区五：股份和权利分不清

股权，就是指股份和权利。这是两种事物，不能混为一谈。

股份是一个数字，一种比例。比如"占了多少股，每股多少钱"。说李经理占公司17%的股权，其实是说他持有17%的股份。

股权专指股份的权利，不是管理的权力。说公司王副总是空降过来的，有权力，有年度奖金，但没有股份。而公司市场部李经理，他是创业元老，和老板一起创业。虽然是经理，但他占股17%。

所以，股份和岗位不是挂钩的，股权和管理的权力也是不挂钩的。

六、误区六：分股以后就躺平

"躺平"是网络用语，就是说，分配了股权，反而没有当初的奋斗精神。奋斗的人是在电脑前挑灯夜战，躺平的人在沙发上玩游戏。他敢玩游戏，是心里想着：反正有股份了，在工资之上，还可以分一笔钱，何必像当初那么奋斗，不如一躺了之。

有的店长，分配股份以前，做事一马当先。分配了股份，忘记目标了，开始维护自己的光辉形象了。穿得西装革履，皮鞋擦得锃亮。也不去巡店，而是坐在办公室里吹空调，进入躺平状态。

还有一些老板，门店有危急的时候，他也忙前忙后，比别人还拼。后来门店业务好转，收入可观，他开始躺平了，去发展各种爱好，遛鸟、钓鱼、打高尔夫球。公司没有盈利，老板不会主动发现问题、解决问题。连锁开始盈利，做事也不用心了，讲话也特别敷衍。这就是躺平心理。

我们应该杜绝这种躺平心理，用企业文化做宣导，鼓励大家持续奋斗，持续创新。

七、误区七：分股后说三道四

为什么分股后说三道四，分股以前不说？

其实从信息方面来看，这种状态非常简单。不是股东，没有分股的时候，对公司的信息了解得有限，核心的会议也不会参加，想说三道四，也说不了。成为股东以后，经常开股东会，会涉及公司的决策和机密，这时掌握的信息足够多。只要心里不舒服，就会说三道四。

从心态来看，成为股东以前，没有额外的分钱，也没有想过公平与不公平。成为股东以后，突然分钱了，然后互相攀比，越比越焦虑。感觉自己付出这么多，分的钱这么少。其他股东在躺平，比自己分的钱还多。心理不平衡，开始说三道四了。

怎么禁止说三道四，一是开好会议，做好宣导，传递正确的价值观。二是做好企业文化，文化强，才能抵制这些歪风邪气，营造正确沟通的氛围。三是用合同来规划，如果是无事生非，编造谎言，道听途说，就要受到合同约束。轻则罚款，重则退股。

这是股权分配的七个误区，也是七个操作的难题。要解决这些难题，先要解决员工的认知。对股权有正确的认知，难题迎刃而解。

第7节

股权领域九条生命线

公司一般有三条广为人知的股权分配线，67%、51%和34%。职场中大部分人员都知道股权有三条线。少部分人员会知道另外6条股权线。

学习股权，要了解这9条线的作用。无论哪一条线出问题，公司都会受到影响。哪一条线掌握不了，都会让公司陷入危机。

九条股权线，持股比例从大到小依次讲起，如图3-10所示。

一、67%的绝对控制线

67%就是占据三分之二略高一点的比例，就是我们常说的，占据"大部分"股份。所谓大部分，就是占到三分之二以上。持有67%的股份，拥有绝对的控制权，什么决策都可以执行。

67%的绝对控制线 **67%**　　　　**1%** 1%的代位诉讼权

51%的相对控制线 **51%**　　　　**3%** 3%的临时提案权

34%的一票否决权 **34%**　　　　**5%** 5%重大股权变动警示线

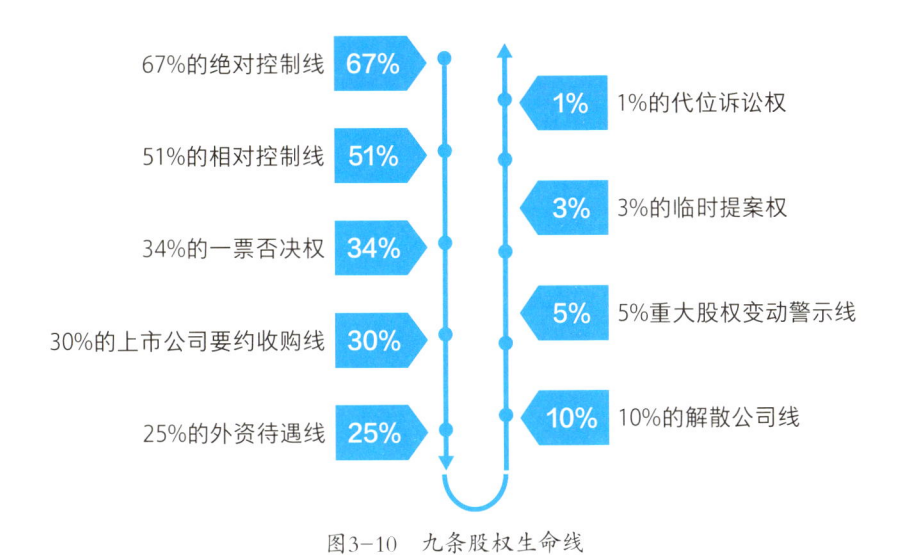

30%的上市公司要约收购线 **30%**

25%的外资待遇线 **25%**　　　　**10%** 10%的解散公司线

图3-10　九条股权生命线

蜜雪冰城的直营店是总部100%控制，没有股权。因为连锁行业有特殊性，直营店不持有股权，一是省去了工商变更的麻烦；二是不用承担亏损的风险；三是连锁门店人员流动性很大，会导致股权不稳定。不分股权，照样可以激励，可以发奖金，可以进行年度分红。

二、51%的相对控制线

表面原因是，51%就是二分之一，再多一点。当有人持有51%的股权，意味着其他所有股东加起来，股权也达不到51%。这就能实现相对控制权。

深层次的原因是，根据《公司法》的规定，拥有51%的持股比例，但未达到67%，只要《公司章程》没有特别说明，有7个事项，还不能独立决定，必须全体决议。不能单独决议，就是相对控制。

7个决议分别是：修改公司章程、增加注册资本、减少注册资本、公司合并、公司分立、公司解散、变更公司形式。

三、34%的一票否决权

34%，就是三分之一略高一点比例。因为有人持有34%，就意味着其他任何股东，都达不到67%的股权比例，也就没有绝对控制的大股东。

一票否决权，就是没有控制权，但可以否决大股东的提议。通过否决，也能起到控制大股东的作用。因为这是反向控制，有人称为"股东捣乱线"。捣乱就是对着干的意思，持有34%股权的股东，明显带有制约和捣乱的意思。所以，现实中股权分配，尽量不要出现这样的分配。

广东有一家餐饮公司，是三人合伙成立的，注册资金100万元。三人如同《三国演义》中一样，三分天下，每人持股三分之一。但是三分之一并不是一个科学数字。一百除以三，等于33.333，不方便在工商局登记。

于是其中有人提议，干脆自己再出1万元，34万元，占股34%，其他两人出33万元就可以，这样方便登记。把公司注册下来了。这三人在创办公司的时候，根本没有股权制约的概念。当时的情况完全是出于方便登记，并不是为了相互制约。33%和34%的差别，当时也完全不懂，就是兄弟情谊，平分股份，有钱大家一起赚。

这样江湖特质的公司，在创立之时，往往有突飞猛进的发展。因为大家都不计较，都一样努力。但是在分钱的时候，微妙的分钱就会无限地放大，33%和34%的差别就凸显出来了。

所以，必须重新分配股份。但是按《公司法》规定，修改公司章程必须经代表2/3以上的表决，也就是拥有67%的股权才可以。两个33%的股东想修改章程，刚好不够67%。既然章程无法修改，只好解散公司了。仅仅因为这1%的区别，会像仇人一样散伙。

底层的人性就是，人可以共患难，无法共享福。1%的股权，就能让人性完全改变。

67%、51%、34%，这是三条主要的股权控制线，在连锁行业很难遇到。连锁集团开拓了10家直营店，并不会给分店33%的股份，集团做绝对控股。当然，也不会给分店49%，集团做相对控股。同样，也不会给直营店10%，集团持股90%。集团的做法是，百分百持股，直营店完全不持有股份。直营店业绩做得好，可以分红，但不参与股权的分配。

四、30%的上市公司要约收购线

这一条股权线，并不是《公司法》规定的，而是《证券法》规定的。公司的股权由《公司法》管理，上市的事情归《证券法》监管。这条线只适用于特定条件下的上市公司股权收购，而不适用于有限责任公司。

这一条股权线说的是，投资者持有上市公司30%股份，若要继续增持股份，就要向所有股东发出收购要约。这一规定主要是为了保护小股东的利益，防止大股东通过逐步增持的方式，损害小股东的利益。

在实际操作中，收购方一般会通过协议收购、间接收购等方式，绕过要约收购的限制。因此，监管机构就要密切关注上市公司收购活动，加强监管，确保公平、公正和公开。

五、25%的外资待遇线

这一条线，是出现在中外合资的企业。国外投资比例高于25%，才可以享受外商投资的待遇。国外投资比例一旦低于25%，就不可以享受外商投资的待遇。因为中资、外资的待遇不一样，这条线就变成重要的警戒线。

六、10%的解散公司线

根据《公司法》规定，持有10%股权的股东，可以向法院提交申请，可以发起临时股东会议。虽然是临时的会议，审议的事项都有效。不是说临时会议就没用，正式股东会才有用。因为事情有突发性，所以在召集的程序上有所简化，但是具有法律效应。

为什么会出现解散公司的情况？

一是防止公司恶化，及时止损。比如大股东在公司作恶，利益严重受损。不仅影响股东，也影响公司发展。持股10%这样的小股东提出建议，根本改变不了大股东。那只好向上级单位提出申请，解散公司。不能同流合污，但可以鱼死网破。

七、5%重大股权变动警示线

当股东或实际控制人持有公司5%以上股份，如果股份发生变化，必须发文披露。如果是上市公司，持股5%以上的股东有股权变化（对于上市公司，持有5%的股份，可能就是大股东），要及时发布报告，说明情况。

比如，腾讯集团马化腾用股权套现或回购，都有新闻发布，会对外明示。这是为了保护公司透明度，保护投资者利益。

八、3%的临时提案权

10%的股东，可以提出临时股东会。

10%以下，3%以上的股东，没有临时召集股东会的权利。那么这一类股东，如果遇上重大问题怎么办？召集不了股东会，还有一个机会，就是提交书面申请给董事会。这样做，至少可以把自己的想法表达出来。至于董事会是否接受提议，需要参照公司章程。

九、1%的代位诉讼权

1%的小股东，连3%的临时提案权也没有。

如果遇上重大问题，不能召集股东会，不能书面提交方案，这时就要请求其他董事和监事来提案。自己没有资格，找其他人代为提起诉讼。

《公司法》有规定，必须是连续180天持有1%的股东，才有代位诉讼的权利。意思是，刚成为1%的股东，还没有代位诉讼的权利。

为什么要提起诉讼？

要么是发现了其他股东的问题，要么是自己的利益受损。有的公司大股东侵占了小股东的利益，小股东没权没势，只能忍气吞声，除非找到其他股东，代为诉讼，这就是人们常说的胳膊扭不过大腿。

这是九条股权控制线，对于连锁行业，主要用在连锁集团，或者连锁总部。直营店、分店或者加盟店，涉及不到这些股权控制线。每一条线都能影响公司的发展进程，所以人们将这些股权线称为生死线。

第四章 CHAPTER

股权操作的六字真言

第1节
股权六字真言中"人"的运用

上一章讲述股权认知,是从外在角度来看股权,看到股权与财务的关系、期权的关系,还有股权的好处和操作误区。

这一章从内在来看股权,从六个要素剖析股权的核心。股权分配涉及的六个要素,分别为:人、合、分、进、退、约。

人,股权就是为人服务的。合,股权的核心目的,用股权把人合在一起。分,股权是用来分配的,分配才有价值。进,就是进入股权,拥有分配资格。退,就是退出,有进入自然有退出。约,就是指股权的约定、条款、合约、规则。这六个要素,被称为"股权六字真言",如图4-1所示。

图4-1 股权六字真言

股权首个要素是人,股权因人而存在。股权分配,要么分到个人名下,要么分到组织名下。而组织也是由自然人构成。所以,股权的核心,从"人"讲起。

股权分给哪些人呢？

几乎所有的公司，股权都是分配给三类人：一是对当下有用的人才，二是对未来有用的人才，三是技术人才。

股权分配的三类人，如图4-2所示。

对当下有用的人才　　核心技术人才　　对未来有用的人才

图4-2　股权分配的三类人

一、当下有用的人

当下有用的人才，就是公司的骨干，也称"四梁八柱"。比如董事长、总裁、事业部总经理、营销副总、大客户总监、财务经理。公司的运作，主要靠这类人才支撑。公司分股，也是这批人首先进入股东考核，成为股东的候选。

二、对未来有用的人才

对未来有用的人，就是有潜力的人，重点培养的接班人。这类人迟早会成为股权分配人，但可以先观察，再给以期权，最后用期权转为股权。总之，这也是股权分配的人才。

许多公司，每年都会有一到两次大规模的人才评测，通过科学评测识别人才。小公司可以由老板或总经理直观判断。中大型公司就无法用任何人的眼光和感觉来判断，而且也没有时间和精力去评估。所以，用科学评测发掘有潜力的人才，重点培养，让他早日成才。

民营企业老板要有接班人，大型企业同样要培养接班人，世界500强同样要培养接班人。还有一种接班人，是岗位属性的接班人。比如，营销总监带着一支团队，看中某个人才，也会培养他成为岗位的接班人。

所有接班人，同样是对未来有用的人才。而且公司发展，本就需要源源不断的人才来接班，这才可以保持创新性发展。

三、核心技术人才

一说技术人才，人们经常会想到修理工（手拿扳手的），还会想到程序员（敲代码的）。其实各行各业都有技术人才。一家饭店，大厨就是技术人员。一家理发店，理发师、造型师就是技术人员。一家运动服门店，空间设计师或市场策划师就是技术人员。

空间设计一般会外请第三方公司来实施，内部并不需要常驻人才。市场策划师则需要常驻。线下门店要想生存，靠的就是各种活动。没有活动，会被电商完全取代，没有太多的生存空间。

只要是技术人才，就要像店长、经理一样对待，不要轻视，不能忽略。否则，失去技术人才，门店会陷入瘫痪状态。比如一家面馆，厨师请假，那就得歇业，这个岗位是技术活，别人无法取代。服务员请假，就可以找人代替，送餐、收拾桌子。

有一家超市，上个月离职一位活动策划。这个人有点内向，也不喜欢说话，在办公室里存在感非常低，大家也没有把他当成热门人才，认为他做的事，人人可以取代。当他离开以后，公司就招聘一位新人接替他的班。新人上班三天，就提出100个问题。

节日要做活动吗？由谁来设计？物料找谁来制作？费用如何走账？活动的促销力度要多大？促销品和赠品与谁对接？整个办公室的人，无法回答他的任何问题。这时大家才明白原来这个岗位要做这么多的活，这些活就是全办公室人加在一起，也难以完成。

那个老活动策划人，桌面有一本大台历。台历上标记着节日启动的时间，对接物料的时间。中国有两类节日，一类是传统节日，比如春节、元宵节、龙抬头、清明节、端午节、七夕节、中元节、中秋节、重阳节等。一类是非传统节日，比如元旦、国庆节、劳动节等。这些节日，都是门店中重要的策划活动日。

节日策划活动当然是提前准备的，比如五一劳动节，这是个大节，也是一年三大"消费节"之一。要从四月初开始策划，第一周完成策划文案及设计，第二周完成策划物料，第三周完成物料摆放，并且开始宣传活动。如果活动从五一当天开始，就太晚了。

这里触发了一些门店策划的小知识，我们将其总结出来，放到任何公司都适用。

节日策划，必须提前。节日一过，就没效果了。就像月饼要节前做活动，节前卖，节日当天就晚了。在《孙子兵法》中，这叫先胜而后求战。

节日策划提前准备得有条不紊，节日当天才能人山人海。策划设计过程动如雷霆，节日当天人仰马翻。设计过程中，自己人不需要太激动，要让消费者看了激动。在《孙子兵法》中，这叫静若处子，动若脱兔。

凡事提前准备，素材提前准备，物料提前准备，事情在不知不觉中完成，以至于人们感觉不到他的存在，感知不到他的价值。在《孙子兵法》中，这叫真正的谋略者，无智名，无勇功，获胜如日月星光一样平常。

遇上人才，不给工资以外的激励，他必然会悄然消失。一旦消失，那就是典型的"拆房拆到顶梁柱，剪线剪到发动机，裁员裁到大动脉"。所以，要识别技术型人才，像对待店长一样，给他们做好分配。

技术人员在业界通常被称为"大神"，对技术之内的事非常执着，可以连续加班去钻研一个难题。对技术之外的事不闻不问，提不起兴趣。比如对股权不感兴趣，反正给钱就好好干。如果有同行出钱更高，可能就跳槽了，他们的想法就这么单纯。

对这类技术人员如何来激励呢，如何长期绑定？

技术人员对股权不感兴趣，也不想去了解股权。所以不用跟他讲逻辑，只需要给他看到其他股东获得的好处，只要他看，以他的智慧，会自行比较的。有数据显示，这个社会对股权感兴趣的人，只有33%，也就是只有三分之一的人渴望获得股权。另外三分之二的人，对股权没有兴趣。

同样的逻辑，不是人人都喜欢当将军，不是不喜欢当将军的兵就不是好兵。好兵都有自知之明，有三分之一的士兵，知道自己天生就不是当将军的料，而是当政委的料，难道这就不是优秀士兵的潜质吗？

在连锁行业，有些自知之明的人很清楚现状，也善于分析，因为他们知道，哪怕晋升为店长，也没有多太多收入。成为一店之主，还要面对电商的竞争，要对抗关店的风险。现在关店的概率有多大，作为技术人员，算得更清楚。

所以，遇上对股权不感兴趣的人，那就不用股权激励。对遥遥无期的激励没有期望，那就用短期的激励。可以按项目周期分红，可以按年度目标来奖励。比如奖励技术人才一家人，三亚五日游，费用全报销。

可以评选年度标杆人物，把他的照片贴在宣传栏，让他有荣誉感。

　　总之，技术人员和管理人员的目标并不一样，他们对连锁行业的看法也不一致。所以，要投其所好，做针对性地激励，不要把股权当成杀手锏来使用。股权是激励的核武器，但不是合作的万能胶。

　　这是六字真言第一个要素"人"，分股从"人"开始。

　　下一节，开始把人"合"在一起。

第2节
股权六字真言中"合"的运用

　　内在看股权，有六字真言：人、合、分、进、退、约。第一要素就是"人"，股权就是分给人的，股权就是为人服务的。股权哪怕落到一个组织里，组织还是由"人"组成。哪怕分给合伙公司，合伙公司的组成也是人。而且合伙公司必然有几位"持股代表"。

　　股权分给"人"，目的就是"合"。所以，股权的第二个要素是"合"。合的表面意思，是用股权把人"合"在一起。深层次意思，是用股权让人成为"合伙人"。用股权把人合在一起，就是合伙团队，是核心团队。没有用股权，而是用工资把人合在一起，就是普通团队，也是松散团队。

　　普通成员的聘用、培育、离职、出差补贴、报销制度，都是按公司的行政章程来做。股东成员的进入、退出、离职、培育、出差补贴和报销制度，要按股东章程来做。股东的福利待遇，往往比员工好。普通员工外出，住快捷连锁酒店。股东外出，住四星级以上的酒店。

但是，股权带来好的待遇，也要承担更大的责任。可以做一个比喻，一栋大楼里，承重墙是股东，普通墙是员工。许多人在装修房子时，会把一面墙给敲掉，做一些空间拓展。但是承重墙就不可以打，敲断一根承重墙，整个大楼都会受到影响。这就可以看出来，股东和员工的区别，就是承重墙和普通墙的区别。股东获得了分红，也要承担"成吨"的责任。

股权之合，合得清楚，分得明白。"合"的落地有三个层次，如图4-3所示。

第三层次　让心合在一起

第二层次　让共识合在一起

第一层次　让人合在一起

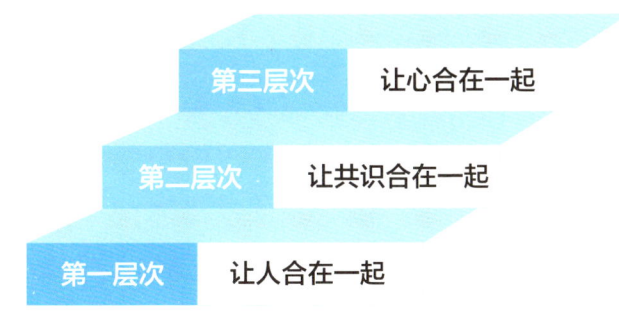

图4-3　合的三个层次

一、让人合在一起

股权让大家在一起，大家就是合伙人。合伙人不再是普通员工，而是老板的合伙人。

合伙人这个词，目前已经非常普遍，使用频率也很高。现在人们交际用微信，纸质名片几乎消失。但是有了"合伙人"这个头衔，名片又复活了。好多人又在发名片，名片上必然会有一个头衔，"某某集团合伙人""战略合伙人""首席合伙人"。要是没有"合伙人"，都不好意思印发名片了。被称为合伙人，感觉比"总裁"高一档次。因为合伙人是和老板一起创业的，而总裁感觉是给老板打工的。

二、共识合在一起

合伙人和老板在一起工作，只是开始，值得骄傲一段时间。但是合伙人要背负公司的使命，要为公司谋划，为公司谋利，为公司规避风险。这时就进入第二阶段，共识。有了共识，可以利出一孔，专注一点，共同发展。

有一家餐饮连锁公司，厨房的水龙头坏了，水总是滴个不停，坏了三个月没人修。员工视而不见，因为水费跟他无关。而且谁要敢反映这个事实，维修水龙头时，会短暂停工，会影响营业，可能还会被店长训骂。干脆不闻不问，不管不顾。

合伙人有一次去厨房检查工作，一眼就看到水龙头在滴水。他过去拧水龙头，拧来拧去，还是滴水。显然，水龙头坏了。合伙人马上打电话，找维修工上门来修。这就是责任感。一件事情，在不同人眼里性质是不同的。

水龙头漏水，不仅会浪费水资源，还会引发一系列隐患。如果一个公司、一个门店、一个组织没有人发现隐患，就会酿成大错，造成损失。而只有细心的人，才会发现隐患。细心的人，是有责任心的人。有责任，就需要有股份。

三、心合在一起

第一个层次，大家合在一起工作，相当于共同上一条船。第二层次，有共识，相当于大家前往同一个目的地。第三个层次，心合在一起，相当于与船共荣辱，与船共存在。有心之人，只要发现隐患，必然会第一时间去解决。因为合伙人明白，船坏了，大家都会受到影响。

公司里，任何问题的出现，必然有一些"苗头"。心不在公司的人，就发现不了苗头。上班卡着点，下班卡着点，客户来了不接待，那就是没有同心的原因。为什么家里水龙头坏了，可以耽误半天时间来维修，公司水龙头坏了几个月，却视而不见。这就是心的问题。而解决同心的问题，唯有合伙。

合伙，就要用股权。有了股权，大家才会把共同的事业放在心上，目标和战略才能合在一起，使命和家庭才能合在一起，赚钱和愿景才可以合在一起。没有股权，生活是生活，工作是工作。

所以，经营企业就是经营人心，经营人心需要股份。

如果遇上对股权没兴趣的人怎么办？

有一家连锁公司，高薪聘请一位人才，承诺给他12%的股份，但是他婉拒了。问其原因，他说在上一家公司十年，也是有股份的，但是没有变现。打拼了十年，身材走样了，头发变白了，最后公司倒闭，股份成了一组数字。所以，对这个行业的股份就有阴影，从此不再相信股权。别人听到股权分配，会心潮澎湃。他听到股权，心如止水。

这就是谈"股"色变，就像有人经历过一段不幸的婚姻，从此不再相信爱情。这是正常的心理，也是常见的事实。股权分配很难，股权变现更难，不是每个公司的股份都能变现。这就需要换一种激励的方式，可以用分红激励。根据公司利润，一年一分。公司利润高，可以多分一些。公司利润少，则少分一些。公司当年没有利润，那就不分。分红激励，比股权更加直接，对这位人才可以起到更好的激励效果。

还有一些人，进入职场时间很短，不喜欢像其他股东一样，牢牢绑定在公司。他们崇尚自由，喜欢荣誉。他们向往的是"优秀员工"的锦旗，还有奖杯。他们更喜欢看到自己的照片出现在文化墙上。因为这类人从小没受过生活的苦，也没有养家糊口的压力，对股权也不敏感。对注重荣誉的员工来说，就可以用荣誉来激励。

还有一类人，进入职场20年，也是行业资深人士。他们对股权和利润之间的关系颇有心得，对股权的变现也了然于胸。哪怕给他分一些股权，也起不到激励的作用。因为他会从行业角度来分析，也计算股权变现的概率，会对比股权和年度分红的利益。

面对这样的资深人士，可以用上市计划、导师计划来激励。连锁行业中，药业连锁容易上市。比如大参林药业连锁有近万家门店，营业额达100多亿元，完全达到上市标准。老百姓药房、益丰药业，年营业额近100亿元。对于药业连锁，上市是最好的激励手段。看一条街的门店，药品连锁店最为稳定。

导师计划，就是请资深人士来分享，在内部授课，把经验分享给连锁门店。这时他们就有另外的身份——连锁导师。一旦他走上分享之路，就会被激发出新的梦想。这样的激励，可谓一举两得。既留下资深人才，也让他的智慧发光。

荣誉激励、导师激励、上市激励，都是一些非常规激励手段。只有用合适的方式，才能激励到合适的人。但是，与股权无关的激励，也要和钱挂钩。不能空有激励，没有变现。

这是三种"合"的方式，是三个层次，同时也是三种境界。

人的一生漫长，遇上合伙的事业并不多，遇上合心的人也不多。如果能遇上三位合心的人，哪怕创业失败，也能东山再起，再战市场。如果没有合心的伙伴，只有合伙的伙伴，也难以东山再起。

所以，合伙是必由之路，合心是必找之人。合伙是一生一次，合心是一生一世。

这是股权六字真言的第二个字，下一节来看"分"的内容。

第3节
股权六字真言中"分"的运用

股权六字真言：人、合、分、进、退、约。第一要素就是"人"，第二要素是"合"。合的部分说了三个层面，人合、心合、共识合。能合在一起，靠的就是股权。但是仅有股权还不够，股权要分配才有价值。分股才能合心，合心为了分股。

本节来看股权六字真言之三：分。

股权分配，核心在于分得合理。若要合理，必须与时俱进，在不同阶段用不同的分股方式。本书针对连锁行业做深度解读，详见第五章"连锁行业股权实操"。本节依然站在宏观角度，解读分的原理。原理讲透之后就是实操运用，以后不论如何分配，都是依据分配原理。

分配的核心有三种：平面化分配、立体化分配、一体化分配，如图4-4所示。

平面化分配　　　立体化分配　　　一体化分配

图4-4　分配的三种核心

一、平面化分配

平面化分配，就是所有股东在一个层面上分配。

平面化分配一般针对初创企业，股东较少，不太懂股权的情况下设计的。公司初创时，干活是一起上，分钱是一起分。股权简单，反而容易激发动力。

平面化分配虽然简单，但有深刻内涵。

比如一家公司，两位股东，一人占1%，一人占99%，这样分配就达不到股权激励的效果。一人占40%，一人占60%，股份虽然有大小之分，但是权利会相互制约。因为大股东的股权，没有占到67%以上。两人平分股权，各占50%，这样分配更不利于发展，谁也不服谁，谁也不听谁，会形成内斗。

三人分配也普遍存在，经常会出现一些错误的分配方式，

比如三人平分股份，各占33%，这样会出现内斗，比两人平分股份

"斗"得更厉害。这是最忌讳的分配方式。

还有一种情况，三人分别持有95%、3%、2%。这样分配，会导致一股独大，一人担当，其他两位小微股东没有动力，起不到股权应有的作用。

另一种错误情况，三人持股分别为40%、30%、30%。这样的持股比例比较接近，和三分天下差不多，最后会上演"三足鼎立"。没有明确的大股东，就会导致意见不合。讨论一件事，大家各抒己见，迟迟不能达成共识。

有一家连锁公司，三人合伙创业，股权就是按4：3：3的方式分配。然后进来第四位股东，就做了股权稀释。股东不断增加，股权一次又一次稀释，股东人数变成十几人，最大股东的股权都不到10%，股权就变成一团"稀泥"，人们做事变成了"和稀泥"。因为大家都持有股份，发展还比较好，引起了投资人的注意。但是风险投资人经过调研，发现公司的股东在一个平面之上，股权非常分散，没有绝对的大股东，融资也无法决策，最后不了了之。

股权分配，对等不好，太悬殊不好，平均分配更不好。适合的分配方式，还是以三人为例来讲解。

第一种情况，可以分为70%、20%、10%，这样分配有明显大股东，而且大股东的股权大于二股东和三股东之和，可以快速决策，便于章程修改。这是典型的1>2+3的分配原则。

第二种合理分配，三人分别持股60%、30%、10%，这时大股东和二股东的权利比较明显，三股东是处在配合的位置。整体依然是1>2+3

的分配原则。但是修改公司章程的事，需要二股东的同意，因为大股东的股权小于67%。

第三种合理的分配，三人分别持有 51%、25%、24%，这是1≈2+3的分配原则，大股东的权利依然明显，也不会受制于其他两位股东。因为大股东占到51%以上，拥有相对控股权。

以上这些分配方式，都是在一个平面上的分配。按这样的逻辑，可以做出合理的分配。

二、立体化分配

当企业发展到一定规模时，股东增加，平面分配就需要升级为立体分配。就是两层以上的股权结构，一种方式是在主体的股权下面，增加一层股权。比如三人持股的比例是70%、20%、10%，大股东收购一个技术团队，拿出10%的股份，成立一家合伙公司。这家合伙公司里，技术团队整体持股，这样就起到了激励的效果，也保证了公司的发展。

另一种方式，是在主体公司之上，成立一家控股公司，控制着主体公司。在公司发展的过程中，控股公司始终保持着控制权。而新增的股东，安排到主体公司中，分配主体公司的股份。

第三种方式就是两层以上的股权结构，上面有控股公司，中间是主体公司，下面还有合伙公司。这样的股权设计，层次明确，权利明确。可以进入多位股东，保证股权架构稳定。缺点是股权分开，权利分开，公司会有大量的例会，会议增加，反而不利于内部沟通，会导致"大企业病"。所以，公司的人数不到100人，没有分、子公司，部门不超过7个，最好不要做多层结构的股权。

这就是分配的宏观讲解，列举了两人合伙、三人合伙的案例。可以看出，三个人分股都会出现一系列问题，让发展埋下隐患。现实情况会更加复杂，合伙人会更多，在发展过程中，还会稀释股权，会增值扩股，会用股权融资，那时立体式分配就要再次升级，要一体化分配。

三、一体化分配

一体化的分配，有几个操作原则，如图4-5所示。

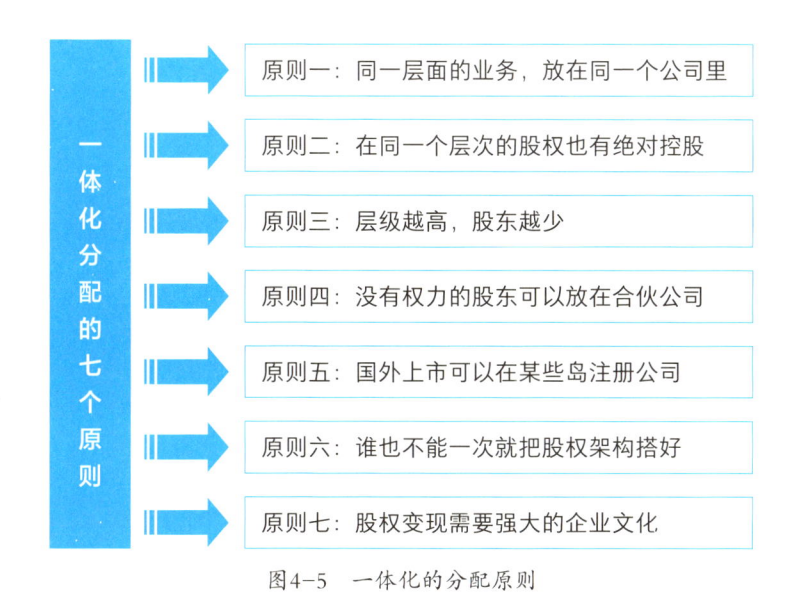

一体化分配的七个原则：

- 原则一：同一层面的业务，放在同一个公司里
- 原则二：在同一个层次的股权也有绝对控股
- 原则三：层级越高，股东越少
- 原则四：没有权力的股东可以放在合伙公司
- 原则五：国外上市可以在某些岛注册公司
- 原则六：谁也不能一次就把股权架构搭好
- 原则七：股权变现需要强大的企业文化

图4-5 一体化的分配原则

第一，同一个层面的业务，放在同一个公司里。创始合伙人、领导层、管理层、核心骨干、空降兵，尽量在同一层次的股权里。比如创始合伙人，可以在上层的控股公司中。领导层和管理层在中间的主体公司股权中。核心骨干，在主体公司之下的合伙公司里，大家各司其职，权职清晰。

第二，在同一个层次的股权中，也有股权大小，有绝对控股。比如在上层控股公司中，是三位创始合伙人共同持股，这三人依然有一位绝对大股东，不能三人平分。（任何情况都不要三人平分股权，这是分的宏观原则。）

第三，层级越高，股东越少。股权架构也像公司的组织架构，绘制出来是一个金字塔模型。越是上层，股东越少，权力越大。比如一家连锁集团，有五层股权结构，最上面是一个家族企业，只有两人，一位是董事，一位是监事。第二层是公司创始人与合伙人，有7人。第三层是集团主体，有21位成员。第四层是分、子公司，第五层是若干合伙公司。整体遵循金字塔的架构。

第四，没有权利的股东，可以放在同一个合伙公司，享受分红。一个合伙公司，最多能放50人，这样设计，可以实现群体激励。

第五，公司拓展国际业务，可以在某些岛注册公司，控股国内的公司，方便在国外上市。因为早些年国外上市环境比较成熟，所以很多互联网公司选择去某些岛注册公司。方便财务审计，方便海外上市。在国内上市环境越来越好，许多互联网公司开始在国外退市，重新在国内上市。所以，此一时彼一时，在资本面前，没有好坏，只有与时俱进。

第六，放心大胆地分，谁也不能一次就把股权架构搭好。谁也不能预料公司未来10年、20年、30年的发展。许多公司做到行业第一，转眼就被收购了。许多公司找到了风口，连续融资三轮，资产扩展1000倍，这时的股权结构完全改变。这个过程会有执业律师、第三方会计师参与股权设计。

还有一些公司，资产做到几千亿元，转眼被资本巨鳄做空了。一家集团的股权设计得再好，也有被做空的可能。一个国家都会被做空，这就是资本的力量。泰国当年被索罗斯做空，元气大伤，十几年才勉强恢复。索罗斯还用1亿欧元做空德意志银行，还做空日元，做空澳元，让许多国家的货币贬值。列举这些做空的案例，并不是制造焦虑，而是告诉所有人，大胆地分股，谁也不可能一次把股权做好。只有亲手设计股权，才会越来越专业。如果你总是持股不分，就永远停留在股权大门之外。

第七，股权的变现，需要强大的企业文化、良好的公司风气。文化不强，股权就会变成另一种阶层文化，人们只会羡慕股东的身份，嫉妒股东权利，但无法凭实力去争取股权的进入。

"分"是股权六字真言的第三个字，下一节来看"进"的内容。

第4节
股权六字真言中"进"的运用

股权六字真言：人、合、分、进、退、约。第一要素是"人"，第二要素是"合"，第三要素是"分"。分的落地有三个方面：平面化分配、立体化分配、一体化分配，这是三种分配的方式，也是三个阶段的方式。股权分配没有最好，只有当下合理。今年合理的股权结构，明年也许就不合理了，就需要升级。

本节来看股权六字真言之四：进。进，就是进入股权。

进入股份的原则、条件及对应的条款（条款就是约）。先来看进入股份的原则，有三个原则，原则是股权分配的基础。

一、进入股权的三个原则

进入股权的三个原则，如图4-6所示。

进入股权三个原则
- 原则一：股权标准要固化，然后定期变化（固化的内容，才可以写进合同）
- 原则二：以科学考核为主，以人性评估为辅（事的考核需要科学手段，人品考核需要人性）
- 原则三：以公司为中心，不以老板为中心（股东要忠诚于事业，而不是忠诚于老板）

图4-6　进入股权的三个原则

1．股权要先固化，然后定期变化

先有固化内容，后有股权合同。股权条款只有固化下来，才可以写进合同里。合同是有法律效应，文字要严谨，每句话不能有第二层意思，这就叫固化。

固化合同，才能签约。今年的股权协议是一个版本，今年所有进入的股东按今年的条款来进入。明年股权有变化，那明年进入的股东就按明年的合同。只要股权有变化，合同就变化。先固化，再变化，必须跟上变化。

比如去年公司的估值是1000万元，1%的股份是10万元。今年公司的估值是3000万元，1%的股份就是30万元。那么进入条件的比例就要相应调整。这就是第一条原则，随比例改变，随规则而变化。那么，进入条件变了，退出条件同样会改变。进入和退出的条款，同步更新。"退出"内容见下一节解析。

2．以科学考核为主，以人性评估为辅

进入股权的人，要有科学的考核和评估。科学考核，比如目标考核法、KPI（平衡计分卡）考核、OKR（目标与关键成果法）考核。如果没有这些考核，可以用营业额来考核。考核是基础，还需要人性化评估来辅助。

有的人目标感很强，为达目标不择手段。人前销售，人后投诉。这样的人，人品有问题。你可以和他合作，但不能合伙；你可以让他晋升，但不能进入股权。

有一家美容院，推出会员服务。办理一张金卡需要5万元，可以享受10万元服务。办一张会员卡，销售可以提成5000元。就有一些"销售高手"，目标感特别强，专门挑女客户躺着做美容服务，向她们推销会员卡。还会追问她们的家，有一位女客户说："自己家离美容院距离有点远，做美容来回并不方便。而且做完美容以后，就想这样美美地躺着。现在过来做美容，都是老公顺路带过来的，平日不想麻烦老公接送自己。"

销售高手说："姐，这好办，只要你办了会员，就是我们的尊贵客人，你做美容前，给我打电话，我去你楼下接你。"听到这样的"解决方案"，女客户就心甘情愿办卡了。过了几天，女会员打电话给那位服务员，电话不接。又打电话给门店，门店前台说："姐，不好意思，我们没有接送客户的服务，希望您能见谅。那位承诺你的人，有事要找她来解决。"

而这位销售高手，就是用这样的话术，打消客户疑虑，成为

销售冠军，成为整个美容连锁店的英雄。这是典型的付钱前是财神，付钱后是仆人。之后，女客户要求退款，门店不给退。向上级部门投诉，相关部门过来了解情况，最后对门店作出处罚，并且停业整顿。为了提成，丢了客户，毁了名声，这事到底怪谁？

问题的根源，只有科学考核，没有人性辅助。公司在制度上把控不严，纵容了部分人的套路。有套路心态的人，是没资格成为股东的。纵容员工套路的公司，也不值得成为股东。

商业以诚信为本，服务以承诺为主。任何公司设定的进入条件，必须是科学为主，人性为辅，能力第二，品性第一。能力可以慢慢提高，品性坏了，基本没法挽救。

3. 以公司为中心，不以老板为中心

进入股权，不能以老板的意志来安排。老板认可的人，可能是听话照做的人，可能是亲戚，可能是同学。但是这类人进公司，对公司发展往往没有帮助。企业需要的人才，先忠于公司，忠于事业，后忠于老板。

有一家理发连锁集团，全国开了上千家门店，同时还有美容美发学校。现金流非常充裕，有几亿元。这位老板头脑灵活，要人们效忠于他，奉他为神明。公司还创作了歌曲，专门歌颂他。这样的公司，几亿元的资金是怎么来的？

别人家洗头为了理发，他们洗头为了"教育"，"教育"以后来办卡。办卡收的都是预付费，预付费不能算在营业额里。哪怕有10亿元的现金，也不能上市。而且，"预付费"收得越多，隐患越大。最后这家美发公司，被市场监管局立案调查，它们的

办卡业务全部停止，门店广告牌全部撤下。之后这件事继续发酵，连权威媒体都称它为畸形和病态的企业文化。

股东与合伙人在一起，为的是打拼一份事业，为的是不同的意向，保证决策正确。如果以老板为中心，就会变成老板一言堂，对公司的发展，乃至上市，都没有帮助。

这是进入股权的三个原则。那么，进入股权的人，要不要交钱？换言之，股权是送的，还是需要购买？

二、进入股权的四种情况

这是困扰老板的大问题，一个人考核合格，进入股权有两种情况，要么出钱买股份，要么出力换股份。出钱和出力，会形成四种情况，如图4-7所示。

	出钱	
出钱不出力 一是投资人 二是股权融资		出钱出力 给人才入股的机会花钱买股份
		出力
不出力不出钱 成熟的专栏，技术，换取股份		出力不出钱 管理人才，技术人才，用技术换股份

图4-7 出钱与出力分配

四个象限，四种情况。右上角是第一象限，表示出钱又出力。左上角是第二象限，表示出钱不出力。右下角是第三象限，表示出力、不

－ 155 －

出钱。左下角是第四象限，不出钱、不出力。四种情况，有不同的入股条件。

1. 出钱又出力（这是最好的分配方式）

这种分配模式，其实不是分配股份，而是给了一个进入股权的机会。有能力的人才，给他们入股的机会，让他们花钱入股。买了股份，就有机会等待股份升值，等待股份变现。

但是让人才购买股份，也要灵活处理。

比如公司释放了10%的股份，估值100万元。可以采用半买半送的方式。因为股权的估值是按外部市场来估的，估值往往是向上估值，不可能越估越少。让内部人员按外部市场价购买，这太合理。如果不花一分钱赠送股份，人们也不会珍惜。半买半送，人们会珍惜，也会感恩公司。

但是股权购买之前，先要定好考核指标。而且一定要提前半年，把股权激励政策和考核指标公布出来，让人们有所准备。不能突然宣布股权分配，让人们明天就准备钱来购买。那员工就会认为，老板这是要卷钱跑路了。

2. 出力，但不出钱（这个分配方式，更加常见）

这就是经过考核，赠送股份，纳入股东。出力不出钱的股权分配操作，主要针对两种人才。

一是管理人才，通过赠送股份，留住人才。因为人才离开了，对公司也是一大损失。有一家连锁公司，一位员工从服务生干起，3年做到经理，5年做到店长。公司对他的成长和业绩非常满意，给他分配了5%

的门店股份。整个门店的收入，都与他挂钩。有了这5%的股份，他可以轻松买车，可以分期买房。他就是门店的"定海神针"，有他在，门店就能稳定发展。他有了5%的回报，集团有95%的回报，这样赠送股份，就比较值。

二是针对技术人才。说起技术，人们第一时间会想到程序员，写代码的。其实任何行业、任何连锁、任何门店都有技术人员。理发店剪发、烫发、造型，这些就是技术。餐厅的厨师，就是技术人才。星级餐厅或米其林餐厅，厨师的技术水平相对更高，技术含量更高。这样的人才，一般是用技能来换股权。因为他们做的事是生存的支柱，但是他们的收入没有销售人员那么高。这就可以用股权分配，把人留住。如果大厨离开了，营业额会下滑，人们来吃饭，往往是冲着手艺而来的。

3. 出钱，但不出力

什么情况会花钱买股份，但又不出力？

有两种情况，一种是投资人，投资一笔钱，获得一部分股份。另一种情况，用股权融资。那么，投资人就是典型的出钱不出力的人。

4. 不出钱也不出力

钱也不出，力也不出，却获得一部分股份，这是什么情况才会出现的现象？

有一家美容院，参加一年一度的广州美博会。现场认识一位美容专家，看中他手里的专利和技术，于是用15%的股权，换取他的专利和技术使用权。这位专家没有出钱，也没有出力，出的是"现成的技术"，这就是不出钱也不出力的情况之一。现成的技术，是专家曾经"出力"完成的，是成熟的技术。

这是股权进入的三个原则和四种情况。对于非上市公司来说，进入股权就是这四种情况，要么出钱又出力，要么出钱不出力。要么出力不出钱，要么不出钱不出力但出技术。不同的情况进入股权，所签约的合同不同，条件不同，根据实际情况来设计。设计过程，要遵循三个原则，先固化再变化。以科学考核为主，以人性评估为辅。以发展为中心，不以老板为中心。

这是股权六字真言的第四个字：进。下一节来看"退"的内容。

第5节

股权六字真言中"退"的运用

股权六字真言：人、合、分、进、退、约。第一要素是"人"，第二要素是"合"，第三要素是"分"，第四要素是"进"。本节来看股权六字真言之五：退。退，就是退出股权。

有进入就有退出，进入股权和退出股权的条款，总是同时出现的。在公司实施股权，在讲解股权进入条件时，就要把退出条件一并讲清楚（退出的条件必须讲清楚）。股权合同拟定时，进入条款和退出条款都要写清楚。

进入和退出是对应的，但是"退出股权"更能考验人性。说完"进入条款"，大家非常兴奋，想着用最快速度进入股权。但是说完"退出条款"，许多人对股权会失去信心，只有少量的人会接受。

同样的道理，我们买车时，也要把维修和保养细节问清楚。如果对维修条件不满意，那也不会买车。买房也一样，必须了解清楚物业服务，以免产生麻烦。

只要是特别重大的事情，涉及高昂费用的大事，就要"丑话说在前头"，把退出条件说清楚。选学校、选专业、选工作、选老公和老婆，全部是同样的道理。（婚姻也有"退出条款"，《婚姻法》把离婚的事情写得明明白白。只不过人们从来不看，更不会去研究。）

在股权分配上，要遵循一个原则：先分后合，先退后进。

先有分钱才有合伙，不是合了伙才去分钱。通过分钱激发大家的战斗力，才可以产生更大的收益。先退后进，就是先接受"退出条款"，再去研究"进入条款"。如果退出条件接受不了，那就没有必要研究进入条件了。

简单地说，我们买一个西瓜，店员说："甜不甜，看运气"听到店员这么说我们就不买了。如果他说：不甜不要钱，人们就会买下。知道买瓜的"退出条款"，才有购买行为。企业在设计股权时，要重视退出条件，不能一带而过。分得清楚，合得明白。退得清楚，进入果断。

一、退出股权的三大好处

退出条款规划好，有三个明显的好处，如图4-8所示。

连锁企业股权设计

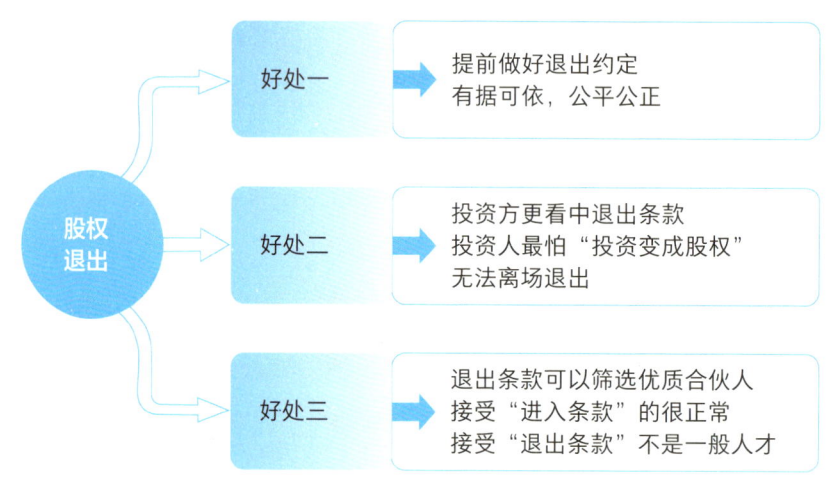

```
股权退出
├─ 好处一 → 提前做好退出约定
│          有据可依，公平公正
│
├─ 好处二 → 投资方更看中退出条款
│          投资人最怕"投资变成股权"
│          无法离场退出
│
└─ 好处三 → 退出条款可以筛选优质合伙人
           接受"进入条款"的很正常
           接受"退出条款"不是一般人才
```

图4-8　退出条款带来的三个好处

1. 有据可依，公平公正

当股东退出时，直接按股权合同条款来处理，这就做到平稳退出，和平分手。分开以后，也有机会重新合作。如果没有退出条件，那双方轻则扯皮，重则用法律解决，最后以仇人方式散伙。

2. 投资方更看中退出条款

投资人把100万元、1000万元、1亿元投进来，关注增值的同时，也会关注如何变现退出。

如果退出条款写得不清不白，这钱不就被套住了吗？投资人最忌讳的就是被套牢，不能套现的投资，都是失败的投资。

3. 用退出条款筛选优质合伙人

一般股东看重股权进入条件，聪明股东看重股权退出条件。一家企业把进入股权的门槛设计得天衣无缝，把退出条件写得不清不楚，说明这家企业也是不懂股权的。把进入条件规划好，是想起到激励的效果，但是忽视了退出条件，最后难成大事。

经营企业，顺风顺水的情况少，坎坎坷坷的情况多。分开是必然，合伙却是偶然。所以，要把退出条件提前定好。

二、退出股权的四个方式

股权退出，有四种方式，如图4-9所示。

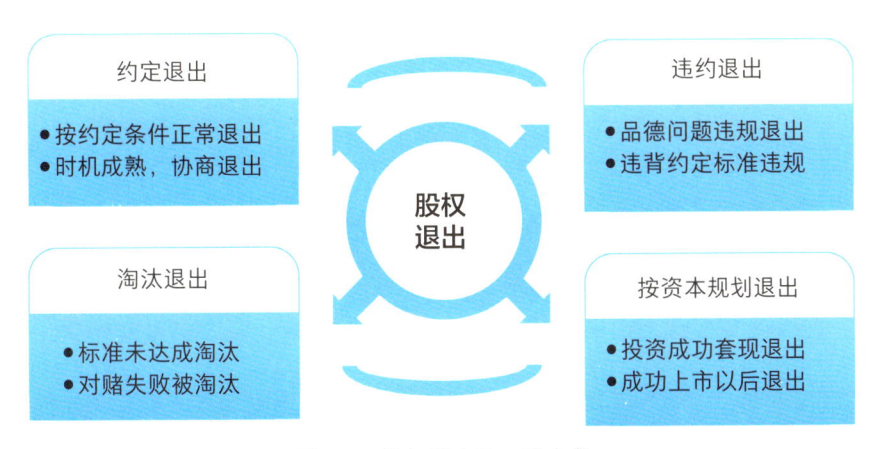

约定退出
- 按约定条件正常退出
- 时机成熟，协商退出

违约退出
- 品德问题违规退出
- 违背约定标准违规

淘汰退出
- 标准未达成淘汰
- 对赌失败被淘汰

按资本规划退出
- 投资成功套现退出
- 成功上市以后退出

图4-9 股权退出的四种方式

1. 约定退出

比如持股时间满五年，可以退出变现。退出的股权价值，按退出时的市值来评估。评估由第三方机构来估算，这样公平合理。

持股五年，方可退出。因为五年时间，连锁企业也进入成熟阶段，这时退出变现，也理所当然。如果持有10年时间才能退出，好多人就等不及了。

还有一些客观规则也是提前约定好，比如遇上自然灾害、人员死亡、失踪的情况，股权如何处理，是由直系亲属继承，还是公司回收，都要约定好。

成熟的大公司和上市公司，还要约定好核心股东"婚变"的条款。因为高管的婚变，会影响公司股权走势，股票价格。

2．违约退出

因为违背了某些重大原则，必须退出股权。

重大事件，不同的公司有不同的标尺。有的公司只要你倒卖公司信息，就会被认为严重失职，要清退股权，而且立即执行。有的公司遇上倒卖信息的情况，会看有没有损失。没有损失，这事也就不了了之。所以，违约的"约"，还是看老板的作风，看股东集体的意思。

有一家餐饮店，在准备周年庆活动时，有人把这条消息泄露出去。让竞争对手有了准备，在周年庆的前一周，他们率先开始大力促销。结果这家餐饮连锁店周年庆到来时，没有引起轰动，也没有人气，因为被对手给"截胡"了。

后来连锁集团对这次损失做了调查，并且分级裁定，分时处理。原来泄露信息的人是通过朋友圈发出的信息。他的本意是为自家门店宣传造势，结果被对手给利用。最终没有对他做退出处理，而是做了分级裁定，即对他进行了警告。

分级裁定，就是评估负面影响，给予处罚。比如，警告、公开检讨或者暂停一年股权分红等。

分时处理，就是按时间来处理，先进行一个月的考察。如果没有明显改变，股东分红暂停半年。如果三个月屡教不改，就暂停一年股权分红。最后还是不改，就退出股权，把手中所持有的股份，一元钱价格回收。

3. 淘汰退出

股东淘汰，也是提前做好淘汰的考核标准。股权合同里把淘汰条件标记清楚，那被淘汰也是合情合理的做法。

有一家公司规定，股东在五年时间内，不能培养出后备干部，就要退位让贤，逐年稀释股权。这种做法是防止股东身居高位，不思进取，还限制后备力量的进步。所以，就用条件来约束元老，能跟上就跟上，跟不上就去培养新人，不能培养新人必须退位。

如果是创始人，老板本人不进步，怎么办？

遇上老板不进步的公司，股权可要可不要。这样的公司，股权不论持有多少，也难以增值。难以增值的股权，就是一个数字，股权合同就是一叠废纸。

4. 按资本规划退出

资本的退出，有两种方式。

一是投资以后的退出。投资1000万元，赚到3000万元，然后选择退出。这是投资思维，没那么复杂。

二是上市以后退出。投资本就是冲着上市的目的而投的，投资1000万元，如果上市了，可能从中赚到1亿元。如果上市失败，那只能按约定条件退出。这些退出条件，都是在投资之前协商好，并且写进合同里。

以上四种退出方式，全部都是提前协商，达成共识，写入合同。协商的方向是为了合作愉快，稳步退出。所以，合同第一段文字，一般都会写着"双方本着友好沟通、互惠互利的原则达成合作"。然后就是详细的条款，先写进入条款，再写退出条款。

退出条件要遵守"墨菲定律"，把能想到的各种坏事都写进合同里。比如人员失踪，失联一年以上，有婚外情等。所有影响公司发展的重大情况都规划好。然后定好回购的原则，比如，触犯其中任何一项原则就启动"一元钱回购股份"的机制。

合同定好，还要进行一次专场讲解，现场就条款细则，尤其是退出条款，再次说明，并且当场回答大家的疑问，让大家心中有数。但是，进入的条件，不用这么复杂地讲解。最终，优秀的股东看退出条件，平凡的股东盯着进入条件，门槛越低他越开心。

要明白经营哲学，经营企业就是经营人。而人是最大的变量，有钱会变，没钱也会变。有钱贪欲更大，没钱心机更重。有钱容易叛变，没钱容易被收买。所以，定好退出条款，先小人后君子，方能成为合伙人。

这是股权六字真言的第五个字：退。下一节来看"约"的内容。

第6节
股权六字真言中"约"的运用

股权六字真言：人、合、分、进、退、约。第一要素是"人"，第二要素是"合"，第三要素是"分"，第四要素是"进"，第五要素是"退"，退有四种主要方式，按约定退出，违规退出，淘汰退出，还有按资本规划来退出。

本节来看股权六字真言六：约。约，就是约定、契约、合约等。

约定偏重于人心，口头约定。契约偏重于精神，契约精神。合约偏重于合同，落地纸上。对于连锁行业，总部需要约束，各个门店（加盟店与直营店）也要约束。对于连锁人员，思维要约定，行为要约定。

一、连锁复制的四个核心

连锁的核心是复制，总部制定标准，把标准复制给各个门店，让门店做到整齐划一。连锁的复制，主要有四个方面，产品复制、品牌复制、管理复制、钱流复制，如图4-10所示。

图4-10 连锁复制的四个核心

1. 产品复制

产品复制，连锁行业的产品要一致，奔驰门店，产品就是奔驰汽车。宝马门店，产品就是宝马。蜜雪冰城，产品就是自营品牌的奶茶。

2. 品牌复制

品牌复制，主要体现在形象整齐划一，店员服务整齐划一，服务之心整齐划一。包括门店招牌、品牌标识、门店装修、人员制服，全部做到一致。总部要把这些品牌细节，写到《品牌施工手册》中，保证每一家店都不出现纰漏。

3. 管理复制

管理复制，主要是理念统一、文化统一、价值观统一。思维方面，要组织各种会议、培训、活动。行为方面，总部要派专家或能手到门店传授技术，并且对技术进行督导。这样做，为的就是让服务处在同一水平线上。

4. 钱流复制

钱流复制，就是统一进账、出账、记账的方式。对于连锁直营店，钱流还会涉及财务人员的约束，加盟店不会对财务人员约束，因为加盟店的收入归门店所有，盈亏自负。

直营店还有分公司、子公司的财务管控非常重要，也非常头痛，这是全世界公司的通病。有些子公司，收款不明确，每年报亏损。有的子公司，私下收账，不计总账。有的子公司像貔貅一样，只入不出，该花的钱不花，不该花的钱也不花，无法和总部要求的服务一致。总部虽然有月度或季度审计，也难以解决这些难题。

因为冰冻三尺，非一日之寒。出现这样的问题，并不是一天两天，而是长年累月造成的，所以难以调整。

有一家高端补品门店，主营海参、燕窝、鱼翅。该门店对服务人员素质要求很高，对形象、气质、学历要求也很高。品牌方希望各门店定期组织学习，以便和客户对等交谈。

9月，店长提出做一次户外拓展学习，理由是，9月拓展，迎战国庆。把申请提交到老板那里，老板以省钱为由，一口拒绝。理由是，保持干劲，筹备好国庆活动，拓展可安排在年底。到了年底，店长再次提出学习申请，老板再次拒绝。理由是，春节是补品销售的旺季，全员要守好岗位，励精图治，再创佳绩，拓展可以选在来年春季。春节过后，草长莺飞，店长又一次提起申请，果不其然，再次被拒。之后店长再也没有提议，而是提出离职。

一件拓展学习的事都实现不了，表面是管理的事，其实是财务的事。老板"只砍树，不磨刀"，那刀锋就会越来越钝，最后耗尽体力，砍不了树。任何公司都不能让员工常年保持紧绷的状态，这样能力不会提升，销量不会提高。尤其高端产品销售，学习大于一切。高端产品销售公司，学习文化大于一切。尤其面对在线电商冲击，线下门店的销售难度更高。连学习团建的钱都要省下，只盯着收入，不愿意支出，那就是最大的财务漏洞。这个漏洞就像"懒政"一样，会失去许多机会。

二、约定的三个策略

所以，解决钱流问题，既要向下约定，也要向上约定。向下约定，针对财务人员。向上约定，针对老板。向下约定，有三个策略，如图4-11所示。

1. 相互验证，钱物统一，事物统一

钱花在什么事上，买了什么物品，要有清晰的账目表达。因为相互验证，可以把购买者和使用者分开，保证账目严谨，避免假账。

约定策略

第一个策略，
相互验证，钱物统一，事物统一

第二个策略，
突击检查，不定期检查

第三个策略，
用经验判断，用财商思考

图4-11 约定的三个策略

一家超市，要采购一批智能电子秤，除了有称重的功能，还有自动识别产品的功能。可以把产品价格计算出来，把小票自动打出来，这样就实现无人值守，也能打票，还可以减轻打票人员的负担。这家超市就让使用电子秤的服务员来体验，选中一个款式。然后由采购人员询价，由公司财务付款。整个过程避免假账，规避采购猫腻。

2. 突击检查，不定期检查

老板不需要管控每一笔账，但要检查账目。检查账目，不一定要固定的时间和规律。不是老板出差回来，就要看账。不是到了月底，就要查一次账。更不是老板喝酒了，就要查账。不定期地突击检查，做账就

特别小心。

有人会选亲戚来做账，认为亲戚可信而且可靠。外部的财务人员不太可靠，要特别防范。但是，现实是什么？账目出大问题，往往是亲戚所为。亲戚刚开始做账，确实会为老板考虑，时刻想着为公司省钱。会挑选便宜的上游产品，会严守付款规则，没有老板签字，果断拒绝付款。时间改变人，最后把公司坑惨的也正是亲戚。

在财务管理上，有一个总的原则，不要轻易相信一个人，也不要轻易怀疑一个人。不要凭感情相信一个人，也不要凭直觉怀疑一个人。要用系统化的服务、系统化的策略、系统化的检查，让财务优化。企业能不能做大，不是看业务人员的数量，而是看财务人员的水平。

3. 用经验判断，用财商思考

不是看财务三张表，而是从连锁经营的日常细微之处，发现账目问题。

有一家连锁公司，是做牛肉粉的，老板有五家门店，从来不看账目。这位老板凭的就是多年经验，从店长、店员、财务人员、服务人员的状态来感知。店长的衣服品牌变化，香烟变了，他都会判断账目是不是有问题。

他多年餐饮经营，哪个地段选址，都是他亲自选的。该地段的客流量、营业额，他都有大体了解。只有发现问题，才去看账，店长和财务不会在账目上动手脚。因为老板精明，已经达到了"眼中无账，心中有账"的境界。

这是向下约定的三个策略，向上约定主要约定老板各种行为，防止老板挥霍。虽然老板权力大，那也不能随心所欲地使用公司现金。

三、老板的三个欲念

老板主要有三个常见的欲念。

1. 享受之欲

许多老板在创业初期就是一号员工，冲在前沿。白天当老板，晚上睡地板，受了不少苦。公司后来有钱了，老板经常出现在KTV和夜店，一次花几万元，仿佛是报复性的享受，补齐青春的遗憾。每次消费，都是由财务来支付。这样的支出，财务无权质问，但要提醒老板勤俭致富，不要挥霍。

2. 赌博之欲

有的老板喜欢赌博，赌得越来越大，还向财务借钱，拿公款去赌。赌钱无法做"真账"，只能做"假账"。这个利害关系，财务要有清醒头脑，要明白十赌九输，一赌难回头。要提醒老板，第一次提醒，老板可能不当回事。第二次提醒，会被老板骂。第三次提醒，可能被老板炒鱿鱼。那炒鱿鱼离开好赌的老板，总比他把公司赌光为好。

3. 投资之欲

投资是另一种博弈，有的老板有钱了，拿钱盲目投资。有的项目，明显就是一个"杀猪盘"。在网上查询，都能看到这个被骗的投资新闻，但是老板执迷不悟，以为可以一本万利。

有一个"杀猪盘",4年时间骗了3300亿元,里面有一大半钱,就是骗门店老板的钱。最后这些老板被坑,门店都无法经营。有人劝告老板说,您投资的这个项目,网上已经有新闻报道,公安已经立案调查了。老板还说,别人眼光短浅,看不懂财富。最后,智商更高、钱包更鼓的老板,却被骗了个精光。那应该怎么办?

如果老板执迷不悟,就联系家人,给他一个提醒。无法联系老板家人,就联系警方。报警,也是在挽救老板,为老板减少损失。

投资之欲,往往比赌博的问题更大。赌博三劝可回头,杀猪盘三劝不回头。赌博输光家产,杀猪盘输光公司。公司都输光了,那股权也就没价值了。

这是股权六字真言,下一章进行股权实操,全部以案例方式来讲解,落实股权分配。

第五章

CHAPTER

连锁行业股权实操

第1节
初创期平分股权应对的策略

连锁行业发展可以分为初创期、发展期、成熟期、衰退期和破产期。每个阶段的股权思维不一样，具体操作也不一样。本节先做连锁行业解析，再做股权的解析，最后结合案例讲讲如何进行实操。

一、初创业时，平均分股

通过连锁行业的经营周期，选取实际案例进行股权调整。这都是大部分连锁企业经常遇到的股权错误，以此为鉴，避免犯错。（案例均为实际咨询和辅助的股权案例，在本书中隐去公司名和敏感信息。）

广东某个连锁科技公司，核心团队主要来自百度、腾讯、阿里、京东等公司。公司在研发、生产、组装、冷链运输方面独树一帜。而且在大环境比较特别的阶段，公司与上下游紧密合作，没有拖欠上下游一分钱货款，也没有遣散一位员工。经济好转，公司像"沙漠风滚草"一样再次崛起。这家公司从创业开始，股份是平分的。在初创阶段，大家白天当老板，晚上睡地板。众志成城，取得卓越的业绩。

事实上，就是因为平均分股，大家才有凝聚力，感觉人人是老板，人人都平等，有钱大家一起赚。我们在企业调研时，对股东独立访谈，大家说起当初的股权，一致认为平分股权，动力更大，人人把公司当家，把产品当孩子，有事大家一起上，有难大家一起拼。没有这股拼劲，不可能在深圳这个电子大都市脱颖而出。而且，当初创业时，大家对股权也没有特别的认知，就像过生日切蛋糕，很自然地切成同等大小。

公司进入发展阶段，具有一定规模，市场也拓展到海外。这时团队开始对功劳和苦劳进行评判，股东也在暗自角力，谁也不想多付出，谁也不想少收入。总裁的决策总是难以执行，大家共同商议的决策，难以高效执行。显然，大锅饭的时代结束，股权平分已经严重阻碍发展。

上文说过，人们初次创业，一是对股权没有了解，甚至对股权权利毫无感觉。股权比例，首先想到的就是平均分配，就像切生日蛋糕，四个人，那就横一切，竖一切，保持蛋糕一样大小。六个人，那就是横一切，左斜一切，右斜一刀，平均分为六块。

自古以来，我们就有平均分配的思想。每个朝代初期，都不是太稳定，贫富差距不大。到了中期，贫富差距明显变大。在每个朝代的末期，人民生活基本是两极分化了，变成"朱门酒肉臭，路有冻死骨"。然后会有人提出"等贵贱，均贫富"的倡导。以此号召人民反抗，推动下一个王朝的到来，再次分配财富，以此轮回。

历史不会重演，但历史的规律不断重现。平均分配的思维是深入到骨子里的，也是许多人与生俱来的思想。很多人刚开始创业，不明白股权的含义，就平均分配股权。当平均分配吃了亏，下次无论是自己创业，还是跟别人合伙创业，再也不去平分股权了。

二、股权平均分配的成功案例

不能一棍子打死平分股权，有许多组织领导是懂股权的，故意平分，以此达到一种默契。来看几个案例。

第一家，华与华品牌咨询。这兄弟俩在机场打广告，已经打了十年。在对外形象方面都以兄弟方式呈现，名和利也是共同出现。他们的股权一直是平分的，他们以前在一起合作。现在哥俩一人负责一个公司，一家华与华，一家读客。业界好多公司在效仿，李与李，张与张，刘与刘，但没有学到精髓，只是效仿了一个名字的结构。

第二家，永辉超市。永辉超市是兄弟俩一起创立的，名叫张轩宁和张轩松。这哥俩在20世纪90年代初就开始经商，最初是做啤酒代理和批发，当时他们就有与众不同的服务思维。别人是开店等客户上门，他们可以送货上门。在20世纪90年代，企业都喊着"顾客是上帝"，但只是个口号，没有对应的服务，他们率先送货上门，很快在啤酒市场闯出名气。

送酒上门，是不是效仿李嘉诚的送大米上门呢？历史久远，难以考察。他们也许听过李嘉诚的故事，把啤酒生意做起来，然后开始做日用品超市。别人的超市，看人开价。他们的超市，天天平价。是不是跟沃尔玛学的，历史也很久远，无从考证。因为价格平民，他们再次做出名气，开了近500家分店。

这就是兄弟同心，其利断金。近几年，永辉超市的表现有所波动，这是市场引发的，不是平分股权引起的。

第三家，蜜雪冰城。这也是兄弟俩创办的，同样姓张，哥哥叫张红超，弟弟叫张红甫。股权和永辉超市一样，平均分配。创业过程也是两人同心，从一家店做到近三万家店。现在，蜜雪冰城已经成为全球第五大餐饮连锁企业。

这兄弟俩曾经分开过，也决裂过，但不是因为股权争夺的问题，是两人所持立场的问题。在蜜雪冰城快速发展时，弟弟张红甫想要快速扩张，自建工厂，掌握供应链。哥哥张红超好像没这个野心，他主张坚守事业，稳中求进。于是在一次会议上，张红甫挑战他哥哥的权威，当着全公司的面说，稳中求进，还怎么进？这时哥哥张红超只能离开。

离开之后，张红甫因为扩张太快，产品经常出问题，公司的形象受到质疑。正当弟弟一筹莫展的时候，哥哥张红超打来电话，说："老弟，你最好带着几个高管，一起去看看门店。"他们看完店面才发现，蜜雪冰城的加盟商有的卫生不过关，有的人员没有培训就上岗。后来弟弟把哥哥请回公司，两人再次合作。

其实蜜雪冰城能做大，就是因为兄弟俩性格互补才做起来，两人一外一内，一动一静。当哥的是学理工科出身，稳重的性格，所以由他主抓全面工作，公司发展特别稳健。弟弟是文科生，擅长市场和营销。两种性格结合在一起，把蜜雪冰城做到全球第五。

第四家，公牛插座。这也是两兄弟平分股权创办的企业。兄弟俩分别叫阮立平、阮学平。这哥俩最初是挑着扁担、前后箩筐里放着插座叫卖的，他们是用扁担打出了市场第一。在2020年，公牛集团上市，兄弟俩的财富合计842亿元。这哥俩一起吃过苦，中间没有分开，也没有争权夺利。

他们公司有一个巨大的公牛雕像，两个牛角上放了一根扁担。这个扁担不仅是当初打江山的武器，还有扁担要放平、兄弟要同心的意思。

第五家，顶新集团。要是没听过顶新集团，你一定吃过康师傅方便面。康师傅这家公司，就是顶新集团。这是四兄弟平分股权的公司，他们在一起40多年，分工不分家。在2020年，他们家族成员已经成为中国台湾的首富。

世界上平分股权成功的案例，不胜枚举。从中我们可能看到一些共同的现象：创业之初，就是兄弟之间联手。工作不分彼此，不分昼夜，全力以赴。分钱之时，也不在意你多我少。

所以，股权分配怕的不是平分，怕的是人不能互补。本书前面提到股权六大支柱，第一支柱就是人。只要人的性格不能互补，吵几次就分开了。哪怕是大股东和小股东，股权分配合理，同样会分手。只有性格互补，一动一静，一人外向一人内敛，一人感性一人理性，才可以长久共存。

广东潮汕地区有许多家族企业，兄弟七八个，就是把钱都放在一起来做公司的原始基金。赚了钱，也是往里面存。谁要用大钱，就从中间取，只要记账就行。比如大哥的儿子要念大学，从里面拿10万元。二哥要换一个新房子，从里面拿100万元。大家并不会计较，因为家族有"合心"的文化，而且家族成员都有经商头脑，知道钱的合力最大。

浙江温州地区有一些家族企业，会聘请专业基金会打理家族的财产，让钱保值，也让钱可以顺便过渡到下一代人手中，这叫家族传承。

如果有良好的家族风气，没有从小就培养的经商头脑，最好不要平分股权创业，更不要和亲戚一起创业，那失败的概率会非常大。如果立场经常不合，建议在平和的状态下做出股权调整。否则日后对簿公堂，只有用法律来清算，那时亲人式合伙就变成仇人式散伙。

我们创业时不懂股权，就当自己"初恋不懂爱情"。初恋的是一个人，结婚的是另一个人。人的一生，遇上一次股权平均分配，也是经营企业的重要一课。上完这堂课，人生就变得更加圆满了。

第2节
发展期用股权吸引技术人才

连锁行业发展时期，要启动股权分配策略，关键要让内部人才晋升而上。

本节将通过连锁行业的发展周期，选一个实际案例讲一讲如何进行股权调整。这都是大部分连锁企业经常遇到的股权错误，以此为鉴，避免犯错。（案例均为实际咨询和辅助的股权案例，在本书中隐去公司名和敏感信息。）

江苏一家大健康公司，深耕南京近20年。转型以后，公司以"集团总控，遍地开花"战略，打造团购连锁超市。产品均是直采直供，找到源头工厂，然后分发到全国连锁分店，各地门店做零售与团购。目前，已经开了1000家门店，覆盖全国一二线城市。产品覆盖日用品、绿色食品50多类。

因门店快速扩张，内部管理人员严重不足。加上自媒体快速发展，直播带货快速发展，导致该公司发展严重受阻。之后就加大招聘力度，试图通过各地人才加入，让业绩稳固。

一、给出诊断

针对客户现状，咨询团队给出诊断：

人才发展没有跟上市场节奏；

"一方水土养一方人"的理念，只适用于传统的服务行业，并不能解决高端人才与自媒体人才的短板；

人才的思维没有共识，安排职位越高，责任越大。给的股份越多，毁灭性越大。

从这个案例可以看出，其实集团是抓住一个风口，就去找到源头工厂，集中采购全国各地的"土特产"，然后把产品投放到全国各门店。这个模式曾经风靡全国，许多集团也曾打造"百市万店"，就是把各地好产品集中采购，然后在全国各市上万家门店摆上货架，供人选购。

店内有东北的人参、辽宁的海参、密云的小枣、燕山的栗子、门头沟大核桃、陕北的红枣、云南普洱茶等。这个方向是对的，但是核心竞争力并不强。你可以做，别人也可以做。美团、抖音、京东同样可以做，而且影响力更大，宣传力度更大，促销力度更大。最终，没有一家公司用此模式脱颖而出。

所以，公司的问题，不是人才招募的问题，也不是人才激励的问题，而是战略到执行的问题。单独解决人才的招聘问题，并不能解决战略问题。哪怕是给门店股权，也无法解决发展问题。

二、给出建议

根据企业诊断，我们给出以下咨询建议。

必须从集团战略领导开始改变，先建校，再发展；先造血，再输血。

人才不能一进公司，就给原始股，必须三步走：一考核，二融合，三分红。三年以后，再做股权分配。

全国招聘的人才，必须经由总部培训，再到门店实习，然后考试。考试通关以后，在全国门店践行。

三、执行方案

根据咨询建议，给出的执行方案如下。

1. 重塑集团战略

近年来，连锁行业竞争激烈，不断出现关店，不断出现门店被收购，这个行业的股权越来越不值钱了。抖音、美团、京东、淘宝、拼多多，它们的估值都是万亿元级别，这都是做线上生意的。做线下生意，门店数量再多，也无法和互联网公司的估值相提并论。

现在门店空降人才比前几年少，但是跳槽的人才比前几年多。许多人才已经从线下转到线上，所以，集团要做好打硬仗的准备，要强化培训，强化考核，强化激励。

不要在拓展市场时，服务跟不上，最后把市场丢失。连锁行业处在发展时期，可以适当减速慢行，慢行往往可以走得更远。加速前行，往往会翻车。

要明白，线下的门店不会因为一百次好的服务被宣传，但会因为一次无心的失误被传到网上，甚至上到热搜（热点）。只要上去一次，品牌就会受损一次，一般的连锁公司根本应对不了"网暴"。

所以，战略必须从集团开始改变，不能由门店改变。集团要先建校，再发展。

2．重新定义人才

要明白人才不是给了高薪，给了股权，就是人才。真正的人才是经过总部培训和考核，并且实时通关留下来的人，那才叫人才。

所以，总部要有人才培训基地有人才培训体系，有人才培养讲师团。如果新人没有培训，就直接到门店上岗，最后只会竹篮打水一场空。

连锁门店，重在统一的服务质量，统一的服务理念，统一的产品质量。如果没有人才的统一培训，全国各地服务质量不同，连锁品牌就会受损。只要有一家门店因为服务问题曝光，传到网上整个连锁集团都会严重受损，而且有可能无法"翻身"。

做连锁就要效仿麦当劳的做法，麦当劳宁可开店晚半年，也要把人才培训好，然后再上岗。如果人才不到位，宁可让周边门店服务生支援，也不会派遣没有培训的实习生上岗。实习生就是定时炸弹，随时把客户服务摧毁。一次服务不好，基本没有回头。

3．根据公司发展情况，培养不同的人才

全国各地招聘的人才，在总部集中培训1个月以上。然后去地方门店进行为期3个月的考核，留下的人才就给阶梯式激励。让他们体会一边提高技术，一边增加收入的感觉。

技术有等级，连锁行业，先定义谁是技术人才。一说技术，人们

会想到实验室的研发人员，互联网公司写代码的程序员，建筑工地开挖掘机的人员。其实，技术是相对而言，各行各业、各门各店都有技术人员。餐饮门店，大厨是技术人员。蛋糕店，蛋糕师是技术人员。理发店，美容师是技术人员。香水公司，调香水是技术。咖啡馆，调咖啡是技术。酒吧，调鸡尾酒是技术。

不同公司，不同规模，技术人才也不同。

一个小规模的门店，收银员就是技术。一个中型规模的门店，促销员也是技术。一家大型连锁超市，收银员、理货员、防损员、促销员都不算技术，这类岗位可以互相替代，而且随时被智能取代。品牌经理、卖场策划、招商经理，这些人才可以算技术。有他们在，超市才可以创新，并且拓展新店。

4．内部培养的人才，给以阶梯式激励

先做业绩分红，再做期权股，然后是门店股权，最后是调到集团任职，获得集团股权。

分红对于门店来说，其实更加灵活。不用变更股权结构，分配也比较灵活。业绩好就多分，业绩一般就少分，赔本就不分。

期权股可以转为正式股份。如果直接分了股权，基本不能降级。股权只有稀释、转让、回购，不是想分就分，想收就收回来。所以股权和使命挂钩，期权就不会与使命挂钩。

正式分股，还可以缓冲一步。确定股权时，可以由大股东代持。代持的股权，同样享受利润的分红。第二年，如果业绩不错，人才发展也不错，再将股权变更到他的名下。如果业绩没有起色，公司也没有起色，那股权就可以缓冲了。如果直接签正式股权，连年发展不好，那就骑虎难下了。

所以，前文提到过，股权并不是"金手铐"，不是把人才长年绑定。如果公司发展不好，绑定人才，就是耽误人才的前程。

5．正式做分配策略

发展期的分配策略，如图5-1所示。

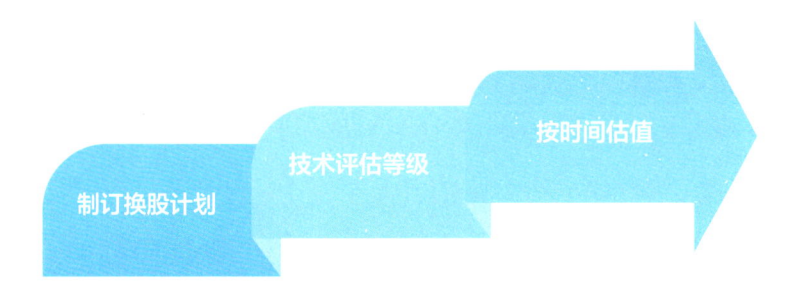

图5-1　发展期的分配策略

（1）制订换股计划。连锁行业的技术人才，一般不会掏钱买股，而是用技术换股。让他花钱买股份，可能无钱可买。连锁行业的技术，无法和互联网公司的技术相提并论。技术人才得不到重视，好多公司还处在"卖货第一，收钱为王"的阶段。这些公司的管理者依然重视业绩，能卖货的才认可为技术，这是连锁行业普遍现象。

所以，技术人员在不受待见的情况下，不太可能花钱买股份。用技术换股权，两全其美。

（2）技术评估等级。我们平常说的三级厨师、二级厨师、一级厨师、特级厨师，这些是官方认证的等级。理发店里的高级理发师、总监理发师、店长理发师，这是自封的等级。

通用的技术，一般会分为四个等级：初级、中级、高级、特级。有了等级，就可以作为股权分配的参照了。

比如给初级工程师1%的股份，中级3%的股份，高级5%的股份，特级10%的股份。这是通用技术的通用分配方式。

（3）按时间估值。连锁行业一般不会认可技术等级，领导们更喜欢以时间作为参数来评估。比如，一年的技术分1%的股份，三年技术分3%的股份，五年技术分5%的股份，十年技术分10%的股份。

实际操作股权，先要学懂分配哲学。

股权，分则有用。

人才，合则有用。

不要为了扩展，用股权随意吸引人才。股权是企业最后的尊严，可以先做分红，做期权，由大股东代持，在这个过程中，人才分的钱并不会少，只是性质不同。不要为了守住绝对控股权，坚持股权不分。不分股权，就会走到另一个极端，人才进不来，企业也没发展。

要在股权分配和人才吸引之间找到一个平衡点，这就是分配的哲学。

第3节
成熟期吸引优秀股东的策略

连锁行业在成熟时期，可以主动吸引优秀人才，包括"空降兵"人才。这时的股权分配也有一些经验，能保证股权顺利分配，让人才各安其位。

第五章 连锁行业股权实操

本节将通过连锁行业的发展周期，选一个案例来讲解如何进行股权调整。这都是大部分连锁企业经常遇到的股权错误，以此为鉴，避免犯错。（案例均为实际咨询和辅助的股权案例，在本书中隐去公司名和敏感信息。）

有一家海外业务的公司，致力于打造国际连锁超市品牌，计划三年内在海外开设500家连锁门店。该公司创始人，早期就在香港经营过连锁门店，积累了丰富的连锁经验。现在决定整合海外资源，进军海外超市。

创始人在香港成功经营三家连锁门店，在寸土寸金的香港开店，积累了丰富的市场运营经验，培养了国际化眼光。本次靠的是丰富的运作经验，并且有成熟的供应商，成熟的供应链，成熟的人际关系网，成立连锁集团，然后在海外扩张。

分析这家公司的运作原理，其实是创始人早年在香港工作，日常生活就接触全国各地的客户，也结识不少人脉资源。（进店消费的是客户，私下联络感情的是资源。）

该公司的目标是3年开500家门店，之后在中国内地开店。正值门店的鼎盛阶段，几位创始人提前布局，成立连锁集团，做好顶层设计，构建股权架构，明确发展战略，制定人才招募系统。组织可以吸引合伙人进入股权结构，并不会影响整体的组织架构，也不会在股权上有争夺和分歧。

该公司是如何做到的？进一步分析，发现该公司的合伙人有三种，分别为：利益合伙人、事业合伙人、命运合伙人。这三种合伙人，有不同的发展路径，持有不同类型的股份和权益，如图5-2所示。

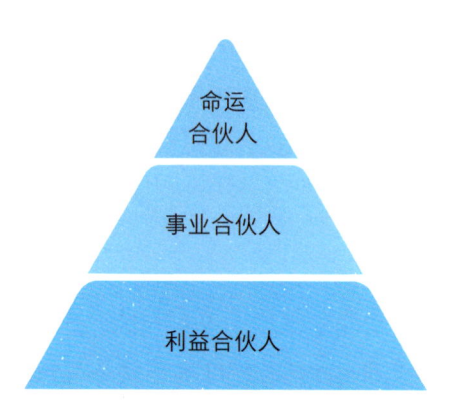

图5-2 三种典型合伙人

一、利益合伙人

所谓利益合伙人，是因为利益而走到一起。比如慕名而来的同行，从其他门店跳槽过来，还有主动挖到的行业精英，都是利益合伙人。他们之所以过来，主要是利益驱动的。他们能过来合作，也是冲着更好的利益。

这样的合伙人有好有坏，各占一半。坏的一面是太过于逐利型的人，无利不起早，能力很强，冲劲十足，总会有一些"野路子"。如果用好，他们可以做一骑奇兵。如果用不好，或者防不好，他们就是定时炸弹。因利而聚的人，也会因利而散。今天是狼性，明天会变成白眼狼。今天帮你搞垮对手，明天可能会把你搞垮。

好的一面是他们从小家境贫寒，但是有远大志向，要改善家庭，光宗耀祖，要用钱证明自己。钱是他们证明的道具，钱是他们眼中的数字，所以他们所有行动都围绕着钱来进行。成熟阶段的企业，遇上利益合伙人，可以先给他们分红股或期权股。分红股不是公司的股权，但具有股权一样的激励效果。业绩良好，可以分红。业绩一般，可以少分。不能给他们分原始股，因为他们眼里只有利益，那对公司将是一大隐患。

二、事业合伙人

利益合伙人如果遇上开明的老板，好的文化氛围，他们也会提升境界，成为事业合伙人。事业合伙人是境界更高的合伙人。他们以事业为先，顺带赚钱。心中想的是，先干一番大的事业，然后再分钱。

最终，事业合伙人可以成为核心团队成员，获得原始股，赚到更多钱。

胖东来超市的合伙人，就是事业合伙人，这里的店长和管理人员根本"挖"不动，股份也"撬"不动。许多国际连锁巨头，全球连锁的门店，向他们伸出橄榄枝，他们也不为所动。无法用钱和股份让他们离职，因为他们和老板于东来是事业一条心。

他们常年跟着董事长于东来，把服务的灵魂和宗旨深深印刻在脑中，这已经不是金钱利益可以获得的。胖东来尊重员工想法，允许并鼓励员工表达自己的想法，鼓励参与决策。公司共同决策，可以提升员工的积极性，获得认同和尊重，增强归属感和责任感。

胖东来坚持"以人为本"的管理理念，从经营理念到管理机制，都充分体现组织对员工的尊重和关怀。这种管理理念有助于营造一个自我激励、轻松和谐的工作氛围。胖东来还会定期为员工提供技能培训，这种培训不仅可以提高工作效率，还能更好地胜任工作，从而获得更多的工作成就感和自信心。胖东来还有一套公平合理的激励机制，公司会根据贡献进行考核，对员工进行表彰，从而激发他们奋发向上的进取精神和工作的积极性。

有这样的工作氛围，所有人都会走向事业之道，期望成为事业合伙人。

事业合伙人的前提是公司营造了积极向上的奋斗氛围。所以，人是环境造就的，环境是文化的载体。有什么环境就能培养出什么样的合伙人。如果没有良好的事业氛围，就会自动形成一种趋利避害的氛围。

成为事业合伙人，可以持有门店的原始股，也可以成为主体公司的股份。成为事业合伙人，已经是公司的核心成员，对公司的发展举足轻重。

三、命运合伙人

说到命运合伙人，人们脑中会浮现出阿里十八罗汉、腾讯五虎、复星六君子、小米八大金刚、新东方三驾马车、百度七剑客，这都是命运合伙人。他们一开始就把命运绑定在一起，不离不弃，共同把事业做大，做到上市集团。命运合伙人是吵架吵不散，打架打不乱的关系。有可能是父子，有可能是兄弟，有可能是同学，有可能是朋友，但都是独当一面的高手。

命运合伙人比事业合伙人境界更高一层。利益合伙人因为逐利而合作。事业合伙人心中想着事业，一起来合作，做好一起分大钱。命运合伙人先有命运的连接，再有事业发展，然后有利益分成。命运合伙人看得比较长远，所以赚的是未来的钱。

命运合伙人持有控股公司的股份，也就是主体公司之上的控股公司。他们是公司的核心领导，影响着公司发展。

三种合伙人，都是有非常能力的人，只是心态不同，认知不同，共识不同，最终导致大家境界不同。一个人能遇上三个命运合伙人，何愁干不出一番大事业。但是，利益合伙人易找，命运合伙人难寻。

好多人质疑说，许多老板每次创业身边都有一群人跟随。不管他创业干什么，这些人都跟着，不离不弃。事实并非如此，这些人是跟班，是出力的，并不是命运合伙人。命运合伙人是刘备、关羽、张飞这样的，三兄弟都能独当一面，有独立思考能力，可以一起打江山。三个人是三个独立的人格，独立的思维，但是有共识。跟班的人，那是一个团伙，只有一个目的，跟随老板赚着工资和提成，这并不是命运合伙人。

还有一种质疑说，命运合伙人，也不是一生不离不弃的，阿里十八罗汉，现在没剩下几个罗汉。复星六君子，早就分开了。新东方三驾马车，早就各奔东西了。百度七剑客，现在只剩李彦宏一个人了。事实上，这些公司已经上市，财富已经自由。合伙人已经走到命运的十字路口，分开以后，各自可以做出更大的事业。

我们没有命运合伙人也不用沮丧。没有事业合伙人也不要紧，先把眼前利益合伙人用好。随着时间推进，他们也会成为事业合伙人。事业合伙人经过几年磨合，也会变成命运合伙人。我们要开阔视野，把眼界打开，珍惜眼前用心合作的人，他们都可能成为命运合伙人。

连锁企业股权设计

第4节
衰退期如何用股权力挽狂澜

连锁行业，衰退时期，如何用股权力挽狂澜？

本节将通过连锁行业的发展周期，选一个案例来讲解如何进行股权调整。这都是大部分连锁企业经常遇到的股权问题，以此为鉴，避免犯错。（案例均为实际咨询和辅助的股权案例，在本书中隐去公司名和敏感信息。）

一、触底反弹的股权案例

首先要有一个认知，企业发展都是波动的，不会一直持续上升，总会有谷底。到了谷底再触底反弹，重新登顶。甚至在谷底变革时，转型成另外的模式，继续发展。比如，从产品转型到服务，服务转到互联网的服务。而在谷底之时，就是本书所指的"衰退时期"。能在谷底反弹，靠的就是领导的前瞻眼光、股权的价值，还要一些时运。

一家儿童用品科技有限公司，创立于2001年，因为发展，2019年迁到温州，2022年又在杭州设立总部，专注品牌管理。这十年时间，每年都推出上千款新品，包括儿童运动鞋、凉鞋、靴子、雪地靴、板鞋、皮鞋、学步鞋等。童鞋一年出货300万双，占比高达90%。童装方面，也在稳步上升，成为新的增长点。

这个案例说得简单，势头都是向上发展，似乎和衰退没什么关系。其实，该公司在发展时，已经遇上三个低谷。

2001年这家儿童用品公司在深圳创立，这时的深圳也是有大量工厂，同时也具有全国品牌辐射的能力。当淘宝网兴起、京东兴起时，整个电商业蚕食了许多传统销售，吞并了许多品牌的线下销售。面对新形势，该公司就不再具有优势，于是搬到温州。温州是全球小商品聚集地，儿童鞋也属于小商品。在温州生产，可以获得更低的成本，这时就度过了一个低谷。

温州有完善的生产链、供应链、物流链，到了直播带货为王的时代，这里势能又少了。于是，公司在杭州设立品牌总部，温州作为生产基地，这是又一次转型，又一次从低谷中走出来。在杭州，可以找到大量网红公司合作带货。人们的需求是一样的，有小孩就有购买童鞋的需求，唯一不同的是，鞋在什么渠道买。

以前在线下门店买，后来在淘宝买，然后在品牌店（天猫和京东），现在在直播商城买。看到直播间的展示，就直接下单了。需求不变，销售途径变了，而且购买的心情也变了。直播购物，就是在不知不觉中完成的。而没有做直播带货的公司，业绩却在不知不觉中下滑，利润在不知不觉中流失。

该公司遇上第二次低谷，启动直播带货，这也不是一次性完成的。是先将品牌搬到杭州，以学习心态展开合作，最初找的就是头部网红合作，每天成交的量打包起来，能堆成一座小山，快递员要开面包车来搬运。月底结算，发现亏损了。但也借此机会，让品牌在线上小有名气。之后开始找腰部网红，他们的坑位费（网络流行语，就是先交钱再带货，没有销量也收钱）较低，销量略低，但是配合度、利润率高。合作了三个月，也收获了不少经验。第三步，公司内部职员来带货，因为和网红合作过，内部职员对直播也略有心得。播了三天，大家都找到感觉，也能"放得开"讲话，还会讲一些幽默段子。最后结算时，发现利润率提高20%。因为内部员工成本极低，利润率就提高了。这一次又度过了低谷。

所以，每家中小民营企业但凡活得还不错，可能已经度过两次以上低谷。在转型、度过低谷的过程，我们要有一个清晰的认识，必须居安思危，把最差的结局想清楚，把迎面而来的衰退期看明白，这才能持续经营，持续盈利，这叫知难而不难。

创业最难就是不知道有多难，摸不清水深浅，目光短浅。要明白，门店今天有多火爆，明天就有多冷清。模式今天有多火爆，明天就有多凄凉。老板只有不断学习，才能跟上时代的步伐：不仅要学习顺境中扩张的能力，也要学习逆境中转型的能力；不仅要学会发展时期股权激励，也要学会衰退时期股权激励。只会开顺风车，遇上逆风就会翻车。

看今天的苹果公司，市值达2万亿美元。但它也是经历过低谷，经过了波折。当初，苹果的创始人史蒂夫·乔布斯被董事会赶出公司。马化腾在做QQ以前，就从事过社交软件的开发。当QQ遇上危机，想以60万元卖给广东电信，被无情拒绝。因为没有卖掉，成就了今天社交软件的霸主地位。

一个人没经历过逆境，很难有大的成就。一个人没受过磨难，以后很难有大的作为。在逆境来时，造梦没有用，画饼没有用，喊着上市更没用，只有实实在在的策略，才可以解决逆境危机。首先就是保证人气不散，人群不散。那人群不散靠的就是股权，不是工资。

所以，股权在低谷时依然管用。用直播团队成立一家公司，由总公司控股，主播全部持股。当直播带货有了可观利润，那股权价值就提升，员工就可以获得分红。当员工获得了股权分红，他们还会暗自感谢这次危机，没有低谷的危机，哪有分红的机会。

二、低谷期股权分配策略

站在老板的角度，也要正视时代，居安思危，在最好的时间里，想到渡过难关的策略。低谷期股权分配策略，如图5-3所示。

低谷期股权分配策略：
- 第一步，平日注重企业文化建设
- 第二步，做到管理不失控，行为不放松
- 第三步，开高效会议
- 第四步，讲解股权合同
- 第五步，执行股权分配

图5-3 低谷期的股权策略

1. 平日注重企业文化建设

微软在巅峰的时候，比尔·盖茨就说：微软离倒闭只有18个月。这是让大家有危机意识。比尔·盖茨还说，只要带100位工程师，可以重建一个微软。这就是企业文化建设，顺境时讲逆境的话，逆境中讲顺境的话。

我们的企业都要注重文化建设，注重员工成长，注重供应商和经销商的关系，不要在员工失去信心时，才想着建设企业文化。不要等业绩不好时喊口号，而是平日固定时间段就要喊口号。不要走下坡路时去做动员大会，平日在月度会议、季度会议就要和大家说明风险，认清形势。

2. 逆境之时，做到管理不失控，行为不放松

企业走下坡路，就像下坡路开车，不能关闭发动机。关了发动机会溜车，溜车时会省一点油，但是风险极高，随时可能翻车。所以老板要明白，在走下坡路时不能放松，发动机不能关，方向盘要紧握，直到进入平稳的路面。

如果门店还是开不了，大家只能居家办公。但是，家里上班也要有上班的样子，不能蓬头垢面，整天穿个睡衣。那样精神会涣散，变得消极甚至抑郁。其实单兵作战，特别容易颓废。

3. 开高效会议

高效会议就是不随意造梦，不随便画饼。遇上困难还想给人画饼，只会越画越黑。在走下坡路时给员工造梦，只会让员工更加清醒。公司遇上一点风吹草动，员工都准备骑驴找马了。只有合伙人会想着和老板共渡难关。

所以，要在会议中从容应对，客观分析，有详细数据，和大家一起算账，算清股权的价值，给大家讲解"内部股权分配方案"，一起想办法把所有人转成合伙制，不发工资，只发分红。把业务从线下转到线上，这都是逼入绝境之后的办法。同时，在会议中，回答大家关于分配的问题，把误会解释清楚。如果确实有漏洞，你就及时把合同条款修改

过来。（此时还不涉及签约，但是可以借此修正合同条款。）

4．讲解股权合同

什么叫合同草本，就是没有盖章，还不是正式签署的合同。

把大家疑问排除，对于有意向的员工，发一份合同草本，给出一周考虑时间。毕竟是下坡路的合同，总要给大家一个缓冲的时间，一个思考的时间。

5．执行股权分配

达成共识的，执行签约。

作为老板，要感谢在衰退时不离不弃的人，欢迎他成为合伙人。

作为员工，要感谢老板给的机会，如果公司如日中天，股权非常值钱，根本没有分配的机会，甚至没有和老板平等对话的机会。

作为股权咨询专家，告诉大家危机就是转机。如果老板经得起风浪，那骨干同样能跟着老板乘风破浪。老板的状态决定境界，境界决定未来。

今天在低谷时期的磨炼，就是明天登顶的勇气。一个下坡路算什么，在人的一生中，十有九次是进入低谷。但只要有一次登顶，一生财富就有了。

第5节

解散或倒闭时如何清算股权

世界上任何企业都有可能走向解散或倒闭。上市之路，不是企业的终点，不是每家公司都可以走到。倒闭或解散，那才是终点，是必由之路。中小民营企业平均寿命是两年半，门店的平均寿命不到2年。经营不到2年，往往是用了一些商业模式，耍了一些小聪明。小聪明的事，往往只有一次。在自媒体时代，一次不好的曝光，就会带来1000倍的负面印象，然后迎来关店的时刻。

世界500强，每年都有一批公司退出500强的榜单。中国互联网的创业者，几乎都有创业失败的经历。因为这些失败，让日后的企业更稳地发展。失败不可怕，可怕的是重蹈覆辙。我们要把失败的经历总结出来，变成新生的养分。

一、连锁行业的市场周期

对于连锁行业，整个市场遵照"631规律"，有60%的寿命能超过三年，不好也不坏。30%的公司走在行业边缘，只有10%的公司可以裂变发展，全国扩张。

比如老牌的沙县小吃、兰州拉面、隆江猪脚饭、黄焖鸡米饭，发展很稳。还有新锐的蜜雪冰城、正新鸡排、华莱士、瑞幸咖啡、沪上阿姨、杨国福麻辣烫、张亮麻辣烫等。

其中蜜雪冰城，在2023年4月，被《经济学人》杂志评为全球第五大连锁快餐店，仅次于麦当劳、赛百味、星巴克和肯德基。蜜雪冰城是从三线城市起家的，做到二线城市，再做到一线城市，现在的门店已经遍布全球，尤其在东南亚发展势头迅猛。蜜雪冰城营收超过100亿元，直营店不超过50家，几乎都是特许加盟店。加盟费并不多，收入主要来自奶茶的配料和包装，这是细水长流的生意。还有设备收入，比较昂贵，但这是一次性的收入。

蜜雪冰城发展这么好，意味着有许多同类奶茶店经营更加艰难。门店终极竞争是价格竞争，只要能打出低价，就能打出规模。价格是外在驱动力，持久经营还需要内在驱动力。内驱力就是优秀的合伙团队、优秀的分配方式，而最好的分配方式，就是股权。

股权是唯一伴随始终的，顺境中的分股，可以激发人心。逆境中分股，可以挽救灵魂。顺境中分股，才是财商思维。逆境时分股，考验人性智慧。这就像战争，兵强马壮时打阵地战，兵力不足打游击战。

在战败之时，倒闭之时，要把人员安顿好，把客户安抚好，把账目算清楚，把股权清算完。把倒闭作为企业的一个周期去应对，这就是胜利者的姿态。就像花开花落，叶子由绿变黄再变成枯叶，这是一个完整的过程，一个完整的周期。

二、股权清算五步走

应对周期，调整心态，重整旗鼓，东山再起。

股权清算，具体就是五步走，如图5-4所示。

股权清算
- 01 在辉煌之时，就要规划危机预案 上坡发展就要想着下坡
- 02 至少将五大体系形成文字，做成手册，为复制做好准备
- 03 全体动员，达成共识 大众一心，迎战危机
- 04 清算账目，变卖家当，非常规化地经营
- 05 股权清算 结束股权

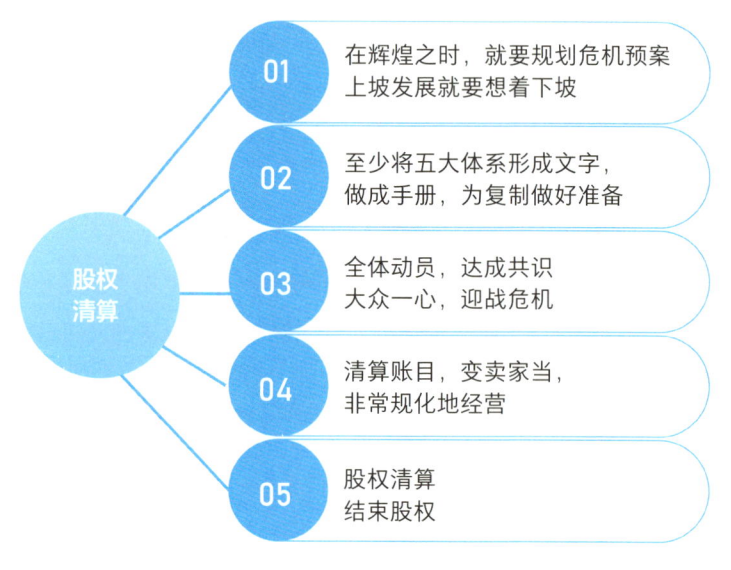

图5-4 股权清算五步走

1. 在辉煌之时，就要规划危机预案

站在高山时，要想到低谷。账面数字很大，要想到数字清零怎么办。油箱加满时，要想到下一次加油。在业绩好、心情好的时候，人的思维异常活跃，正是居安思危的时候。真正到了危机之时，思路往往很窄。

前文关于股权签约时提到过，要把各种危机写进合同中，比如不可抗力的因素，天灾之类。还有股权人死亡、失踪、失联一年的情况，股权如何处理，这就是签约前应想到的各种因素。

万事万物皆如此，历朝历代的皇帝在登基之时，就会安排后世三件大事，建陵墓，选太子，掌玉玺。（皇家陵墓是一项庞大而复杂的工程，需要耗费大量的时间、财力和人力。因此会提早筹备。选太子的前提是，有多子可选，培养出优秀的人才来继位。掌玉玺是巩固皇权，要

任命一批当朝的官员。）如果皇帝突然驾崩，老太监（皇帝贴身太监）就会宣读预案。太监没权也不能干政，但是他有宣读圣旨的职责。

2. 至少将五大体系形成文字，做成手册

这是为了日后东山再起而准备的，同时，在经营企业时，如果不能把经历、经验提炼成手册，下次不管做什么，都要从零开始。所有从零开始的创业，都不能算连续创业者，因为经验没有"连锁"。

所以，要在公司经营过程建立体系，比如股权分配体系、晋升体系、VIP客户管理体系、轮岗体系、加班体系、卫生标准体系、奖金体系、分红体系、进货与库存盘点体系。

这些体系，同样是提前完成，而不是在清算阶段加急赶工的。

3. 全体动员，迎战危机

这一步就是老板的转折点，有的老板面临倒闭或清算，会一走了之，或者关闭手机，不处理任何事情，包括债务，最后他们可能被判定为老赖（失信被执行人）。

另一类老板，会把情况告知大家，末路就是新路，绝路就是希望。他会按步骤处理大家的薪酬、工资、分红、股权。未来必定东山再起，欢迎老员工回归。

4. 清算账目，变卖家当，非常规化地经营

这个阶段可以形象地理解为听到雷声，看到闪电，快速把阳台晒的衣服收起来。面临倒闭，产品价格要更实惠，促销手段更灵活，工作时间延长两个小时，为的是加速变现，去掉库存。

许多公司总是在倒闭之后也不做动员，也不处理员工和客户的账

目。最后人们积怨成仇，把这些家当打砸一空，发泄怨气。如果可以及早处理，及早变现，不仅能挽回一些损失，还能挽回一些尊严。并不是倒闭一次就要名声扫地，要把人、钱、印象维护好，下次创业，这不都是好的资源吗？

5．股权清算

并不是公司倒闭，股权就要归零。股权归零，倒是容易处理。但是公司从创立之时，中间数次吸引新的合伙人，对每个人的入股条件并不相同。

有人可能是掏钱买股，公司承诺，遇上风险或倒闭，要回购股权。这就相当于要偿还对方购买股份的钱。如果当初没有这个承诺，他也不会掏钱买股。所以，这种情况股权就需要清算，最后把股权变成债务了。

还有一些用股权做的融资，投资人投资进来，会持一些股份。甚至会签对赌协议，融资三年，保证获得10%的利润。如果达不到，公司要偿还投资人10%的资金。其实这样操作，相当于变相贷款了。但是，对于公司来说，也非常愿意，如果从银行贷款，银行也不会同意。投资人通过投融资方式，把资金投进来，支持公司发展，这就相当于贷款。贷款必有利息，投资也要回报，10%的利息在业界并不算多。遇上这样的情况，也要做股权处理。

股权归零，那算是好的结果。好多时候，股权会转成债务，一直存在，哪怕公司注销，也不会消失。这就是老板经营的困局，有的老板会把债务算明白，数年偿还清楚。有的老板选择跑路，有的老板会砥砺前行，再次创业，把债务偿还。

还有一些聪明的老板，会提前部署股权，做多层股权控股结构，把债务风险规避。其实股权结构做得再完美，投资人在注资之时也会定出来，最终控制人是谁，最后要向谁要钱，只要这一条无法明确，投资人都不会投资的。所以，多层股权架构，也只会聪明反被聪明误。地产行业有多少知名企业家，最后在倒闭之时，债务难逃，何况是连锁行业。

所以，中小民营企业平均寿命是两年半，门店的平均寿命不到2年。真正的原因就是，顺境时想不到逆境，真正到了逆境，只有等死或装死。过几天，再悄悄换个地方，再次创业。他们的思维，就没有持续经营的理念，缺人了才想到招聘，不缺人就想着裁人。从来不想着培养人，从来没有合伙人，然后三年就会应对一次末路危机。

第6节
只有活下来才是最好的战略

最后一节，带有复盘性质。盘点发展过程，探寻未来规律。历史不会重来，规律必定重现。要总结规律，迎接未来，持续经营。

企业发展阶段，如图5-5所示。

一、盘点连锁初创期

连锁源于门店，从一家到万家，连锁就这么开起来了。门店的初创

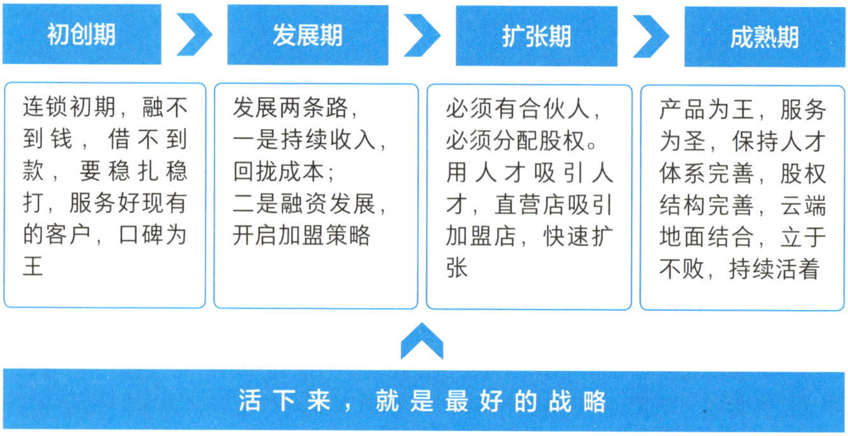

初创期	发展期	扩张期	成熟期
连锁初期，融不到钱，借不到款，要稳扎稳打，服务好现有的客户，口碑为王	发展两条路，一是持续收入，回拢成本；二是融资发展，开启加盟策略	必须有合伙人，必须分配股权。用人才吸引人才，直营店吸引加盟店，快速扩张	产品为王，服务为圣，保持人才体系完善，股权结构完善，云端地面结合，立于不败，持续活着

活下来，就是最好的战略

图5-5 企业发展阶段

期要从什么时候算起？

并不是开业那一天，放鞭炮、舞龙狮、摆花篮的那一天。门店的开始，是从和房东签约那一天开始算。签约就是把店面盘下来了，这个时候，必定会交一大笔转让费。从这一天租金就开始算起，门店就开始有支出了。有的门店是接盘别人的门店，里面设备基本不动，省去装修时间，也省一笔装修的钱。那么，接盘之日，就是创业之时。

所以，创业要谨慎，珍惜每一天。要学习麦当劳、肯德基，他们开店，从装修的时候就开始宣传了。装修之时，外面就会展示出品牌。我们装修也一样，起码要拉一条横幅，告诉人们，这里有一家门店，某日将会开业，这就是广告效应。

如果还能学习麦当劳、肯德基的管理，就更好了。麦当劳、肯德基的门店，有长达半年的装修期，在这半年期间，2个月打地基，包括做地面、做墙壁、做下水与电路。2个月做装饰，包括摆桌椅、布置前台、安装程控机器（就是制作汉堡包的机器）。2个月时间招聘，把服务员招齐了，并且开始培训。正式开业，这些服务员就可以上岗了。

这就是高明之处，但是许多门店开业当天，老板和夫人当服务员，还会叫上爸妈来帮忙。然后才开始招服务员，他们算盘打得真响，早一天招的服务员，就要多发一天工资。但是，开业以后招聘，服务员来了，也要磨合三个月，才进入正轨。

从创业进度来看，你的门店发展比麦当劳慢了足足9个月。创业期的开支很大，少则3万元，多达3000万元。而且开店的钱基本会用掉全部家当。还没有回报，家当已经花完。拿深圳来说，一个普通门店转让费10万元起，装修也要10万元。还没开始经营，20万元已经砸在门店里了。

很多门店与麦当劳不同，初创阶段根本贷不到款，只有家人能支持。最终的结果，大部分门店没有回本，钱最后就被房东赚去。

二、盘点连锁发展期

初创期过后是发展期，这个阶段门店服务已经成熟，产品已经得到客户认可。这个阶段有两条发展之路，一是持续收入，把成本回拢，然后可以盈利。另一条路，融资来发展。这个阶段的融资，不是靠口才，而是靠数据。只要数据好，银行会贷款给你，投资人也会投钱给你，甚至直接申请大额信用卡也可以，因为数据良好。同时，你的同学、朋友、亲戚，也会借钱给你，因为他们已经看到门店的情况。

发展势头迅猛，可以适当融资，但是尽量不要稀释股权。融资以后，有三条路：一是把钱存着，以防万一；二是开新的门店，或者分店；三是成立管理总部，开始招商加盟。因为自己做好一家店，把门店各种经营之路跑通了，物料走通了，服务也走通了，这时开加盟店就有基础了。

比如，开了一家正骨服务的门店，专门治疗腰椎、颈椎等疾病。一家开好，就可以再开一家，把服务推广出去。再如，做医学美容，专门做美白、祛斑。因为有效果，一家开好，就可以再开一家，把服务推广出去。

连锁行业，就是这样发展起来的。

三、发展过后是扩张期

扩张期必须有合伙人，必须做股权分配。否则，扩张以后，就是死路一条。

扩张之时会开许多直营门店，或者会协同管理许多加盟店，这时的管理人才、技术人才、财税人才非常紧缺，必须用股权分配，让人才进来。有人才进来，才可以团体运作。不要想着老板拉家带口就能完成扩张。

单纯的家族能力，根本应对不了扩张时期。更为严重的是，家族企业的文化就是"一家子"文化，什么人才会跟这种文化的公司深度合作？

扩张期，分配多少股权比较合适？

这时如果是分配原始股，要低于33%，高于5%。低于33%，不给人一票否决的权利。同时，保留自己绝对控股权。这个阶段的股权也非常值钱，业务数据良好，但也要高于5%。如果拿出1%来分配，会有一种侮辱的感觉。

如果是连续创业的老板，懂得股权和资本的老板，会提早布局立体股权结构，上面有控股层，中间是主体公司，下面是合伙公司。如果老板有这样的股权思维，那就是另一种战略，另一套打法，根本不用一家一家开店，一个一个招募人才了。瑞幸咖啡创办时，就是一家一家开店，然后做到上市。

创始人之后再次创业，做库迪连锁咖啡，起步就是资本的路线，方向是招商加盟，不开一家店，通过加盟方式，一年开出上万家门店。所以有资本思维，就不用分配原始股份。

当初，阿里巴巴进入扩张期，创始人也在积极寻求融资。找软银资本孙正义，孙正义听完他的介绍，决定向阿里巴巴注资4000万美元，要求占49%的股份。据说，当时整个对话，只用了6分钟。体现了阿里巴巴创始人的口才，也体现了孙正义的决策力。占股49%，但不控股，体现资本的精明。

但是创始人身边有一位合伙人——蔡崇信，他是投资银行出身，懂得投资之道。他说，被投资人拿走49%股权，不利于未来发展。最后定出一个折中的投资方案，给30%股份，只要2000万美元。有了这2000万美元，阿里巴巴获得更快的发展。

可以看出，一家公司在扩张期融资最容易，招人最容易，要什么资源都容易。扩张期就像一位待嫁的姑娘。但是，要嫁到好人家，必须有懂得投资之道的人把关，不然，好女也得嫁懒汉。

四、扩张之后是成熟期

门店的成熟期，就是成立连锁集团之时有成熟运营体系，有一群开拓人才，品牌也有竞争力，技术培训也能跟上。能走到这一步，拼的就是内功和耐性。没有内功，没有耐力，特别短视，随时可能倒闭。这个阶段，老板和核心成员可以主动接触一些投资人，融入一些圈子，拓宽视野，开阔眼界，筹备变革，准备跨界合作。

成熟期并不是上岸。连锁集团哪怕上市，也不算上岸。所以，要活下去，还要继续努力。

纵观整个连锁发展史可以看出，老板从头到尾一直忙，根本停不下来。单店的时候，老板要当服务员从早忙到晚。多店的时候，老板更忙，各个门店要照料。连锁的时候，老板都要累垮了，因为这时处理的事情更复杂，决策更艰难。

所以，必须在发展期招募核心团队，为自己排忧解难。在扩张期，有两级成熟的团队，一层是领导，一层是管理。否则，老板时刻在憋一口气，天天如履薄冰，守着大额的股权，没有可用的人才。这样的情况，很快就迎来轮回，一切归零。就连全球最大的沃尔玛，近几年都在不停地关店，何况是没有雄厚资源的连锁公司。

但是，沃尔玛即使把中国的门店全部关闭，全球的影响力依然很强，它早早就布局了电商。在2008年，收购"1号店"，年营业达到110多亿元。1号店的名气不算最大，但它是国内第一家网上超市。

我们的门店，就像一棵小树，扎根不深，主干不强，枝叶不茂盛，经不起风雨摧残。做成连锁，相当于各处都有小树，依然生存艰难。所以，必须线下与线上结合，公域和私域结合，股权和薪酬结合，这才有更大的机会活下来。

活下来，不是消极思想，不是放弃伟大的梦想，而是不要乱想，不乱调方向，不乱做战略。世界上所有门店，当初都是这样，没想着做大，也没有多想，只是把眼前的事做好。沃尔玛超市最开始就是提供送货服务，当时同类的超市并没有送货服务。沃尔玛凭借服务，做成全球第一大连锁。

永辉超市前身是做啤酒的批发。别家的门店是坐在店里等客户，永辉超市会把啤酒送上门，深受客户信赖。几年以后，周边的门店继续坐等客户，永辉超市却开了500多家门店。

所以，要好好经营，产品为王，服务为圣，保持人才体系完善，财务流水健康，股权结构完善，云端地面结合，这时就可以顶天地立，立于不败，持续活着。

只有活下来，才是最好的战略。

只有活下来，才有机会做战略。